「日本人」の心の深みへ

「縄文的なもの」と「弥生的なもの」を巡る旅

松本憲郎

新曜社

この本を妻に、
そして私たちの大切な家族であるアイヌ犬のメリ、ロシアンブルーのタマとトラに捧げます。

はしがき
──「空気」を読みながら生きている君に、そして「世間」の中で生活しているあなたへ

私は精神科医として、またユング派分析家として、私のもとを訪れた方との対話を日々の仕事にしています。そのほとんどは日本人で、そこで語られる悩みも様々です。しかし、その語りの背後には、通奏低音のように響いている〝旋律〟があります。その音は、学校であっても、会社であっても、あるいは家庭であっても、およそ人が集まるところには、日本中のどこにでも響いています。その音は、時には「『空気』読めよな」というクラスメートの声として響き、別のおりには、マイクを突きつけられた人が「『世間』の皆さまにご迷惑をかけて申しわけありません」と謝罪するシーンの中にこだましています。

ある日のこと、私は一人の青年が語る教室での出来事に耳を傾けていました。

「クラスにちょっと『空気』の読めないやつがいたんです。たしかに自分勝手なところもあって、気に入らないことはやらないし……。それで、クラスの中心になっているメンバーがあいつのこと外そうぜってことになって……。自分はそんなことはいやだったんですが、もしそれにのらなかったら、あいつ生意気じゃんって外されるのが怖くて、そいつを無視することになってし

まって……。」

また、別の日には、中年の男性が語る職場での仕事ぶりをうかがっていました。

「朝7時に家を出て、自宅に戻るのはだいたい日づけが変わる頃ですね。うちの職場ではみんなそうやってますし、世間的に見てもこの業界では皆こんなもんですよ。それで、自分が休むと職場のみんなに迷惑がかかるので休めないし、みんなも遅くまでやってるんだからって自分に言い聞かせていました。自分がこんなになるまでは、『うつ』で職場を離れる人の話を聞くと、まわりの仕事が増えるのに自分勝手だなって思ってました……。」

私がこの本を書いてる時、私の頭を去らなかったのは、この青年や中年男性のような方々です。彼らは、日々「空気」を読みながら生き、「世間」の人間関係から外れないように生活しています。それこそ、「空気」を吸うように自然なこととして……。しかし、一方で、私が聞く彼らの苦悩は、彼らをしばる「空気」や「世間」によって窒息させられそうになっている、彼らの魂があげる悲鳴のようにも感じられるのです。

この本は、日本人として、日々まわりの「空気」を読みながら、「世間」の中で生きている私自身が、自分の中にあって自らをしばっているものと正面からむきあい、その正体を見きわめ、そして新たな可能性を見いだすために行った探索の記録です。それは、私が専門としているユング心理学の作法にしたがって、ものごとの深みへと向かう旅になりました。そこには、私たちをしばっているものの由来を、その根源にさかのぼって知りたいという思いはありますが、すぐに役立つノウハウは見当たらないかもしれません。それでも私はこの本を、日本人がその中で生きている「空気」と「世間」の正体を知り、それと正面からむきあって、自分らしく生きたいと思っているすべての人のために書きました。その意味でこの本は、私が日々お会いしてきた過去の、これからお会いするであろう未来の、「君」や「あなた」のための本でもあるのです。

目次

装幀＝新曜社デザイン室

序章　なぜ「日本人」の心の深みをめざすのか、そしてその旅はどこへとむかうのか

「日本人の心とはどういう成り立ちをしているのか？」これは日本人であり、〝心の臨床〟を日々の仕事にしている私にとって、切実な問いです。それは、私たち自身がそれを自覚しているか否かを問わず、西洋人とはずいぶん違う人間関係のなかに生きており、多くの方の苦悩の種となっている葛藤の背後には、日本人としての心の働きが感じられるからです。

「はしがき」でもふれましたが、たとえば、学校でのいじめの場面において、誰かが〝シカト〟されたとき、それを知っていてもなかなか言い出せないという経験をした人は決してまれではないと思います。その体験は葛藤をもたらしますが、その葛藤の片側にあるのは集団の輪から外れる恐怖であり、もう一方にあるのは人の苦しみを見てみぬふりをする罪悪感です。しかし、これが西洋人であれば、いじめのあり方も日本人の場合とは随分違っていて、強いものが弱いものを直接攻撃することが多く、そのようないじめを目撃した人が感じるであろう葛藤には、一方に正

義が、もう一方には自分が攻撃される恐怖があるでしょう。また職場での長時間労働を背景としたうつ病の方にお会いすると、「みんなも遅くまで働いているのに、自分だけ早く帰るわけにはいかない。職場の和を乱すわけにはいかない。そんなことをしたら皆に迷惑をかけてしまう」といった心の働きがあって、自らの限界を超えた状況を続けた結果、身体と心がうつ病という反応を起こしたと感じられるケースに数多く出会います。しかし西洋人であれば、「職場の和を乱すわけにはいかない」という理由で長時間働き続けるという態度は、理解の外にあると思われます。

ここでは二つの例をあげましたが、実はこの問題の難しさは、この先にあります。すなわち、ここで私のあげた例にみられる心の働きは、私たち日本人のなかにあって、うまくいっている時には私たちを支える〝絆〟にもなるからです。ですから、さきほどあげたケースに対して、「西洋人の心に学べ」とか「嫌われる勇気をもて」といったアドバイスをしたとしても、それこそ日本人にとって、「言うは易く行うは難い」ということになってしまいます。

ではどうしたらいいのでしょうか。自らをしばるものがおのれの内にあり、それが一方で自分を支えてもいるとしたら、どこにこの〝状況〟を解きほぐす糸口があるのでしょうか。

少なくともそこに、安易な処方箋がないことは明らかです。このような心のあり方を一方的に否定すれば、支えとしての〝絆〟も失われるでしょうし、一方的に肯定すれば、個人はその対人関係の〝和〟の中で窒息するかもしれません。このように、上記のような日本人の心のあり方を簡単に肯定も否定もできないとしたら、また状況によってそれが〝絆〟とも〝枷《かせ》〟とも感じられるとしたら、結局は遠回りのように見えても、日本人の心の根源にまでさかのぼって、そこからその成り立ちをふり返ってみるほかありません。そうすることによってはじめて、私たちが心理的な困難にぶつかって何らかの決断をしなければならないとき、少なくともその苦しみの由来とその決断のもつ意味に自覚的であることができます。本書のなかで私が目指すのは、このことにほかなりません。しかし、「日本人の心の成り立ち」を明らかにするといっても、いったいどこから切り込んでいったらいいのでしょうか。

実は、このあまりにも大きな問題にどこから切り込むかについては、すでに多くの研究がなされています。その代表的な方法論は、「日本の」神話や「日本の」昔話を分析することをとおして、日本人の心の深層を解明していこうという試みであり、河合隼雄の『神話と日本人の心』や『昔話と日本人の心』に、その真髄を見ることができます。その他にも、この方法にもとづくものとして、高尾浩幸の『日本的意識の起源』、老松克博の『漂泊する自我』『スサノオ神話で読む日本人』、織田尚生の『王権の心理学』など、多くの成果があります。それらに共通するのは、神話にあっては「古事記」や「日本書紀」を、昔話にあっては『日本昔話大成』や『日本昔話通観』にある「日本の」昔話をテキストとして、そこにあらわれている日本人の心の特性を明らかにしようという試みであるといえましょう。それぞれの研究が、「日本人の心の成り立ち」を解明するのに投げかけた光は、すでに多くのものを明らかにしたことは疑いがありません。しかしその方法論には、一つの問題があるように思われます。

それは、昔話といっても「日本の」昔話の中には、大きく分けると二つの系統がじつはあり、それを分けることなく同じ平面にあるものとして取り上げていいのかという問題です。これは稲田浩二が『アイヌの昔話』の解説の中で詳細に論じたように、

> 日本の本州、四国、九州も古い時代はアイヌ族の地及び日本列島の南西諸島と同様の昔話を伝承していたが、その後本州、四国、九州の伝承のみが独自な発展を遂げ、結果的に日本列島の両端の地域に古態が残ることになったのではないか。本州、四国、九州に残る伝承は後世の変容が著しく、一方で両端の地域のものはより古風な伝承に属していると考えられる。……
>
> それらの伝承の変容の時期と起源を考えると、狩猟採集生活ののち農耕が始まった流れから、本州、四国、九州の伝承は水田稲作の始まった農耕牧畜時代に入ってその構成が変質したのではないか。一方アイヌ族と南西諸島の伝承は、狩猟採集時代 ― 水田稲作のはじまらない縄文時代以前 ― の構成を留めていると考えられる。
>
> （稲田 2005, p.361）

という仮説を、どのように受けとめるかという問題でもあります。すなわち、日本の昔話には、縄文時代以前にルーツを持つアイヌ民族や南西諸島の昔話が古態としてあって、弥生時代以降、

それらは本州、四国、九州において変容したのであり、それらを同じ平面で論じるわけにはいかず、むしろ、ある種の緊張をはらんだものとして見てゆく必要があるのではないかということです。さらに言いますと、このことは、「縄文時代にルーツを持つアイヌ民族および南西諸島の昔話にあらわれた日本人の心が、弥生時代にこうむった変化を見てゆくことによって、日本人の心の重層構造を明らかにできるのではないか」という問題意識につながっていきます。

ここで、先の事例にあらわれた日本人の心のあり方をふり返ってみますと、ここでいう「弥生時代にこうむった変化」によってうまれた日本人の心の一つの側面、すなわち「弥生的なもの」こそが、通常日本人の心の特徴として表面にあらわれていることが多いということです。それは、「周囲の人間関係の中に溶け込んでいたい」という思いとして自覚されるあり方です。しかし同時に、これらの事例の背後には、遠く微かにではあっても、日本人の心の奥底から聞こえてくるもう一つの〝旋律〟が響いています。それは「自分らしく生きたい」という思いとして、時代を越え、「周囲の人に溶け込んでいたい」という思いとの葛藤を作り出してきました。このもう一つの〝旋律〟が響いてくる源こそは、結論を先取りして言えば、日本人の心の基層に今も息づく「縄文的なもの」にほかなりません。

このことに、別の角度から光を当てたのが、歴史家の阿部謹也でした。阿部は、「世間」の歴史と構造を論じることをとおして、日本人がいかなる人間関係の枠の中で生活してきたのかを明らかにしました。そしてその中で、万葉の昔から日本人の中には、親鸞や吉田兼好など「世間」

と正面から向き合った多くの人がいたことを示しました。このことは、本書の問題意識に照らすと、日本の歴史の中には、「弥生的なもの」と「縄文的なもの」の葛藤を、正面から引き受けて生きた人々がいたということです。

以上をふまえ、「縄文的なものと弥生的なものが織りなす日本人の心の重層構造を昔話の分析をとおして明らかにする」という問題意識に真正面から取り組む本書の後半への橋渡しとして、本書ではまず最初に、近年明らかにされてきた人類学および考古学的事実と、縄文の民の直系の子孫でありその狩猟採集民族的世界観をいまに伝えるアイヌの人々の民族誌をあわせて論じることにより、縄文的な世界観がいかなるものであったかを明らかにします。ここでさらに結論を先取りしていえば、縄文的な心の中核にあるのは、アイヌ民族の〝送り〟の儀礼に表れた世界観そのものです。

その世界観の中では、自然界にある生きとしいけるもののみならず、人が作った器物にさえも〝カムイ〟が宿ります。それを人間＝アイヌの領域（アイヌモシリ）に客として迎え、感謝とともにカムイの領域（カムイモシリ）に送り返すという儀礼が、他ならぬ「送り」です。そこでは、「自然」や「死」に対して、人間はつねにそのリアリティーをアイヌモシリに迎え入れ、そして送り返すことによって交流を保っています。そこにあるのは絶えざる循環です。その視点から縄文時代の考古学的遺物を見ることで、破壊された状態で発見される土偶などの持つ意味がより鮮明に浮かび上がってきます。

次に、日本列島に稲作農耕とともにもたらされた弥生的な世界観について、考古学的事実を参考にしつつ明らかにします。それは、稲作農耕民族の世界観であり、狩猟採集民族の世界観である縄文およびアイヌ的世界観とは緊張をはらんで存在しています。もちろん、「自然」の中に神やカムイを感じるあり方は、縄文およびアイヌ文化と弥生以降の日本文化をつらぬく太い柱です。しかし同時に、「縄文的なもの」と「弥生的なもの」のあいだには質的な違いがあり、両者をつらぬく柱とともに、両者のはらむ緊張が、日本人の心の骨格を形作っているのではないかということが、本書の前半で明らかにしたいテーマです。

本書の後半では、先にも述べたように、縄文の心を直接受け継ぐアイヌ民族の昔話と弥生の心を受け継ぐ本州、四国、九州の昔話を比較することによって、「縄文的なものと弥生的なものが織りなす日本人の心の重層構造」について明らかにします。その際、「異類婚」をテーマにした昔話を取り上げますが、それは、「異類婚姻譚」の中にこそ、「縄文的なもの」と「弥生的なもの」のはらむ緊張が最も明瞭にあらわれているからです。

以上のように、日本人の心の深みへとむかう旅は、人類学および考古学的事実、民族誌、そして昔話をたどりながら、日本人の心における「縄文的なもの」と「弥生的なもの」をくりかえし巡ってゆきます。そしてその旅が終わったとき、西洋からの借り物ではない日本人の心のあらたな可能性を、その深層から浮かび上がらせることができれば、本書の目的は達成されたといえるでしょう。

第1章 「日本人」とアイヌ民族の起源

まず最初に、これから本書で「日本人」とカギ括弧を付けていうとき、それは主として本州、四国、九州に住み、日本語を話す、一定の文化的共通性をもった人々をさしています。この「日本人」こそは、従来、日本人という言葉が使われるときに想定された人々でした。これまで世にあらわれた「日本人論」においても、日本人について論じるとき、多くの場合この「日本人」が無意識に前提とされていました。これに対して、本書で日本人というとき、それは上記の「日本人」にくわえて、アイヌ民族と日本列島の南西諸島に住む人々をふくめた全体をさします。その理由は、「序章」のなかでも述べたように、かつて「日本人」とは人種的にも民族的にもまったく異なるとされたアイヌの人々こそが、日本の基層文化である縄文の思想の核心を今につたえており、アイヌ文化に対する深い理解があってはじめて、「日本人」の心の重層構造を明らかにできるからです。しかし、本書をつらぬくこの問題意識がどれほどの妥当性をもつかということも、現時点では論証を必要とする仮説にとどまります。以下において、まず最初に、最新の人類学の知見にふれ、この仮説がどの程度の妥当性をもつか見てゆきたいと思います。

1　人類の歴史と日本人成立の背景

ここで、日本人の起源についてふれる前に、標準的な高等学校の歴史教科書をもとに編集された『詳説日本史研究　改訂版』の記述にしたがって、簡単に人類の歴史をふり返り、その中で日本人が成立した背景を明らかにしたいと思います。

地球が誕生したのは46億年前と言われています。その長き歴史のうち、現生人類の祖先である猿人の誕生が化石で確認できるのは、現在のところ約６００万年前です。そして人類は、猿人《えんじん》（６００万〜１７０万年前）→原人《げんじん》（１７０万〜20万年前）→旧人《きゅうじん》（20万〜３万年前）→新人《しんじん》（15万年前以降）という進化を経て現在にいたります。

ところで、１８０万〜１６０万年前以降は氷河時代と呼ばれ、世界的に気温が低下し、氷河が拡大した時代でした。その結果、氷期には大量の水が氷として陸上に固定されたため海面低下がおこり、海面は現在に比べ１００メートル余りも下降しました。それにより、大陸と陸続きになった日本列島に、大陸からナウマン象などの大型の動物がはいってきましたが、それを追ってやってきた人々がいました。それが、日本列島地域に人類が住み始めた最初であろうと考えられています。

その移動がどの時期であったのかは、いまなお議論があります。しかし、打製石器などの遺物から、少なくとも3万5000年前以降には、確実に人類の足跡を見ることができます。旧石器時代と呼ばれるその時代の人々の生活は、道具としては打製石器をもちい、火を使用してはいたものの、土器はまだ存在していません。おそらく、数人から十数人の小集団が、一つの河川の流域で、食料を求めながら移動を繰り返していたのであろうと考えられています。つまり、狩猟採集を生業としながらも、定住せず、土器をもちいないという点で、その後にあらわれる縄文時代とは、大きく違った生活ぶりであったと推定されているのです。

その後、気候が温暖化した結果、海面が上昇し、約1万年前までには日本は大陸と切り離されて日本列島となりました。その気候の変化はまた、日本列島の動物相・植物相に大きな影響を与えることになります。ナウマン象・ヘラジカ・オオツノジカも縄文時代草創《そうそう》期までには絶滅し、それらの大型獣にかわって、動きの速いニホンシカとイノシシを中心とする動物相が成立しました。そうした自然環境の変化に対応して、日本列島に住む人々の生活の仕方も大きく変わり、縄文文化が成立したのです。

縄文時代の開始は、いくつかの重要な道具の出現、つまりは技術の革新によって特徴づけられます。まず第一に、土器の出現がありますが、土器は、森林の変化に伴い植物質食料を利用する比重が高まったため、その煮沸《しゃふつ》調理の必要から考案されたものと考えられています。次に、弓矢の使用開始があげられます。狩猟用の道具は、旧石器時代には投げ槍・突き槍が中心でしたが、縄文時代に入ると動きの素早いニホンシカやイノシシなどの中型獣に対応するため、弓矢が使用されるようになりました。また、縄文時代に入り、磨製《ませい》石器が広く普及したことも、縄文時代の重要な特徴となっています。

以上の記述からわかることは、日本列島が文字通り大陸から切り離されて以降、土器を中心とした新しい道具をもちい、狩猟・採集をおもな生業として定住生活を営む人々が日本列島の全体に広がり、1万年の長きにわたって豊かな文化を育みながら生活を送っていたということです。西洋の新石器時代が、農業のはじまりをもって特徴づけられるのに対して、縄文時代の生業の中心が狩猟・漁労・採集であったにもかかわらず、高度な文化を生み出したということは、縄文文化を考えるにあたって、非常に重要な特徴だと思われます。そして約2400年前に、大陸から水稲稲作がはいってきて、それが九州北部から四国へ、そして本州の南から北へと広がるにしたがって、日本列島における縄文文化は、徐々に弥生文化へと取ってかわられるようになりました。しかし、列島の両端への弥生文化の広がりは遅く、とりわけ現在の北海道を中心とした地域には稲作が広がらず、その後独自の歩みを続けることになります。

以上が、日本人の成立へとつながる人類の歴史の概略です。これらの歴史を踏まえて、日本人の起源を見ていきますが、本書の問題意識に照らして大切なのは、縄文文化とアイヌ文化の関係はどのようなものであったか、そして縄文文化から弥生文化への移行がどのようにしてなされたのかということです。以下において、これらのことを念頭におきつつ、最新の人類学の成果を見てゆきたいと思います。

2 人類学者埴原和郎による「二重構造モデル」

日本人の起源についての諸説の中で、まず最初に取り上げるのは、人類学者埴原和郎による「二重構造モデル」です。埴原は、生物としての人間を研究する自然人類学の立場から、日本人の起源の問題に取り組みました。そして、それまでの研究の成果をまとめ、1990年に国際日本文化研究センターが開催した国際シンポジウムにおいて、日本人の起源に関する自らの仮説を「二重構造モデル」として提出しました。埴原は、その著『日本人の誕生――人類はるかなる旅』の中で、「二重構造モデル」とは、以下のような、日本人をめぐる「いくつかの素朴な疑問」に答えようという試みであったことを明らかにしています。

① 縄文人はどこから来たのか?
② 日本に米や金属器の文化をもたらし、日本文化の基礎を築いたのは誰か?
③ 日本人の顔つきや体つきに地域差があるのはなぜか?
④ アイヌはどのような系統に属する集団か?

⑤アイヌと沖縄の集団は日本列島の北端と南端に別れて住んでいるのに、互いによく似ているのはなぜか？
⑥日本古代史に登場するエミシ、ハヤトなどは何者だったのか？
⑦日本人は、はたして単一民族か？

（埴原 1996, pp.112-113）

そして埴原は、自然人類学的事実をもとに「二重構造モデル」を以下のように定式化しました。なお、ここで埴原がふれた港川人とは、沖縄で発見された約1万8000年前の旧石器時代の人骨で、日本列島で発見された縄文時代以前の化石人骨としては、もっとも保存状態のよいものです。

（1）旧石器時代の港川人と縄文人は、古く東南アジア（スンダランド）に住んでいた原アジア人集団の系統に属し、縄文人はほぼ均質の集団だったとみなすことができる。
（2）渡来系弥生人は寒冷適応を遂げた北アジアの系統に属し、日本列島で縄文系集団と共存・混血するようになった。
（3）北アジア系集団の渡来は弥生時代、古墳時代を経て初期歴史時代まで続き、日本列島における二重構造は徐々に明瞭になってきた。とくに古墳時代以後は、東日本（縄文系と西日本（渡来系）の差が明瞭になった。

（4）アイヌと沖縄の集団は、渡来系集団の影響を受けることがきわめて少ないか、またはほとんどなく、縄文系集団がそのまま小進化したものと思われる。

（5）現代の日本人および日本文化に見られる地域性は、縄文系の伝統と渡来系の伝統との接触の程度が異なることによって生じ、時代が下るにしたがって種々の地域的要因 —— たとえば気候、国内の移動、政治的影響など —— が付加されることによって現在の状況がつくられてきたと思われる。

（埴原 1996, pp.199-200）

では、この仮説の基礎となる、埴原が明らかにした事実とは、いったいどのようなものだったのでしょうか。埴原は多くの事実をあげていますが、その中でも大切なのは、埴原が専門とする骨の形態の分析です。埴原がまず行ったのは、縄文人や中国の新石器時代人など24集団の頭骨の主要計測値を使って集団の類縁性を分析することでした。その結果を単純化して樹状図としたものが図1です。この図の意味することは、埴原によると以下のようになります。

まず全体として、縄文人を含むグループと現代日本人（本土人）を含むグループとに大きく分かれている。またやや細かくみると、縄文人に最も近いのはアイヌと沖縄の集団であり、ついで太平洋民族が近い。一方、現代の本土人に近いのは中国の新石器時代人や北アジアの集団である。
今問題にしている縄文人の系統についていえば、この図は一つの重要な示唆を与えてくれる。それは、縄文人と中国やシベリアの新石器時代人が大きく違っていることである。もし縄文人が新石器時代になってから日本に移住したとすれば、同時代に大陸に住んでいたいずれかの集団に近い形態をもっているはずである。しかし、図が示すように、分析の結果はこの仮説に否定的である。

すなわち縄文人は、同時代の大陸の新石器時代人とはすでに分離しており、その形質はアイヌと沖縄の集団に継承され、「日本人」の形質は、新石器時代以降の大陸の集団との類似を示しています。これらの事実は、「二重構造モデル」を前提とするとよく説明できます。

さらに埴原は、現代の「日本人」とアイヌの人々の頭骨の主要計測値を、上記と同様の方法で比較する研究をおこないました。そしてその結果示したのが図2です。この図が示すのは、頭骨計測値にも東日本から西日本にかけての明瞭な地理的勾配がみられるという事実です。埴原は、みずから明らかにした「頭蓋計測値の地理的勾配」という事実について、以下のように述べています。

現代日本人の頭骨の形を詳しく比較すると、近畿をはじめとする西日本では短頭、高頭、高顔の傾向が強く、東日本では逆になる。簡単にいえば、西日本では東に比べて頭が丸く面長の人が多い

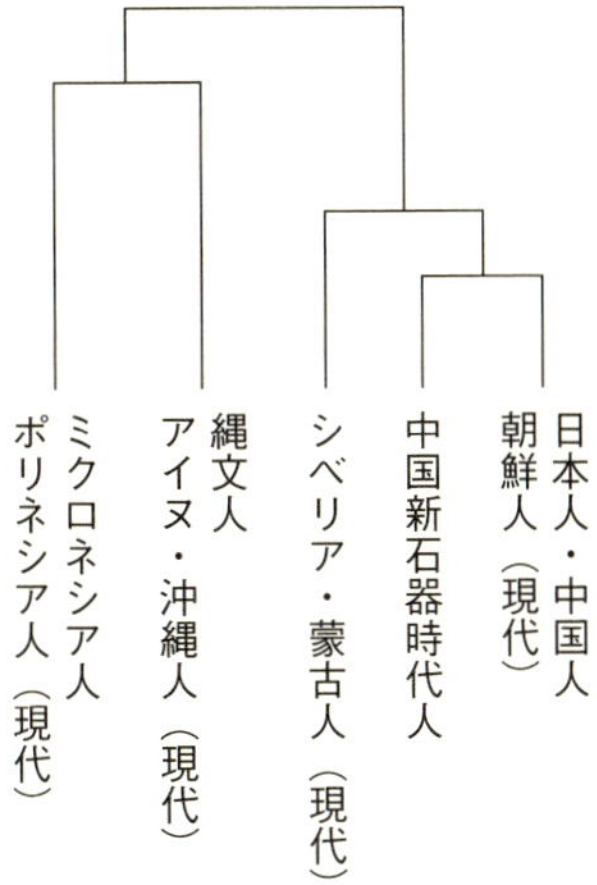

図1　男性頭骨主要計測値の類似度係数（Q相関係数）**に基づく樹状図**
（埴原, 1996, p.139）

ことになる。したがって西日本タイプは渡来系（北アジア系）集団に、また東日本タイプは在来系（縄文系）集団に近いといえる。

　さらに、一般的にいえば、渡来系集団の特徴は北部九州と本州西部に強く、これに対して在来系の集団の特徴は北海道、本州の東北・北陸地方、四国および南部九州、奄美・沖縄諸島に残っていることがわかる。

　興味深いことに、在来系の特徴の残っている地方はいずれも古代朝廷の影響力が弱かった地域に一致する。これは、朝廷に同化される時期が遅かったという歴史的経過を反映しているのではないかと想像される。

（埴原 1996, p.172）


　すなわち、現在の「日本人」およびアイヌの人々の間に存在する「頭蓋計測値の地理的勾配」という事実もまた、「二重構造モデル」によってよく説明できるのです。

さらに埴原は、歯の形態について、ターナーなどの研究を援用しつつ、日本人と近隣諸民族との比較研究を行いました。埴原によると

ターナーは太平洋、アジア、シベリア地方など広大な地域から歯のデータを収集して比較した結果、環太平洋の諸集団の歯を「スンダ型」と「中国型」とに分類した。スンダ型といわれる歯は全体として比較的小さく、歯冠や歯根の形がやや単純である。これに対して中国型は大きくて頑丈であり、歯冠や歯根の形が複雑になっている。

このうち、前者は原アジア型ともいえる特徴をもつ歯で、現代人の中ではアイヌや沖縄の集団をはじめ、東南アジアやメラネシア・オーストラリアを除く太平洋の集団にみられる。また後者は日本の本土人の大部分のほか、中国、蒙古、東部シベリアおよびアメリカ大陸の集団に広く現れている。

（埴原 1996, p.173）

これはもちろん、「二重構造モデル」と矛盾せず、それを支持する事実です。埴原は、これら、骨や歯の形態の比較研究により明らかにされた事実以外にも、「二重構造モデル」と矛盾せず、それを支持する事実として、耳垢型（耳垢が乾いているか湿っているか）の遺伝子頻度の地理的勾

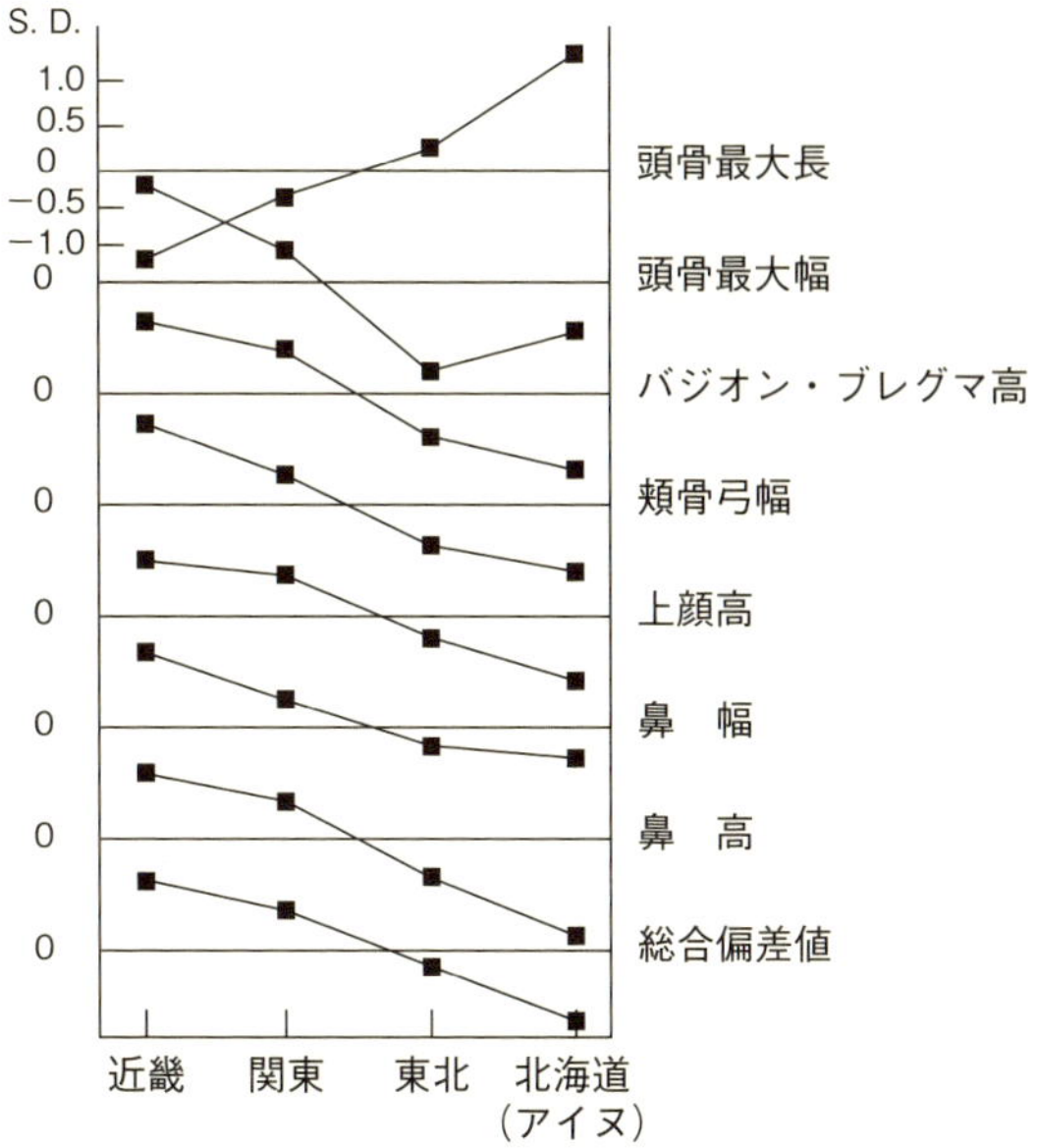

図2　頭骨計測値の地理的勾配(偏差値による)(埴原, 1996, p.169)

配が、南方の沖縄諸島とアイヌ民族では近い頻度を示す一方で、九州の北に近い地域では朝鮮半島に近い頻度を示す事実などをひき、日本人の起源に関する仮説として、「二重構造モデル」を提出したのです。

このモデルは、言うまでもなく、「序章」でふれた昔話研究者の稲田浩二の仮説を自然人類学の立場から裏打ちするものとなっています。もちろん、埴原が明らかにしたのは生物としての人間という視点からみた日本人の起源の問題であり、そこでは、どのような世界観の変遷があったかは視野の外におかれています。それゆえ、日本人の心について考える場合、埴原の仮説が明らかにしたことの先にあるものこそが重要となります。それについては第2章以下で論じますが、その前に、自然人類学に新たな飛躍をもたらした分子人類学の成果について見てみることにしましょう。

3 分子人類学の成果と「二重構造モデル」

埴原和郎による「二重構造モデル」が、主として骨の形態の比較と、その統計学的処理の結果を根拠として、1990年に提出された仮説であることは先に述べました。それに対して、1990年代にはいると、遺伝子の物質的な基盤であるDNAを抽出・解析する技術が飛躍的に進歩し、1970年代からはじまった分子生物学の手法を人類学の研究に役立てる試みは多くの画期的な成果を生むようになりました。

その分子人類学の日本における代表的な研究者である篠田謙一は、その著『日本人になった祖先たち —— DNAから解明するその多元的構造』において、日本人の起源に関する分子人類学的研究の成果を以下のように解説しています。それは主としてミトコンドリアDNAの分析によるものですが、それによると、DNA配列は時間の経過にしたがって、一定の割合で変化すると考えられるので、現代人のもつ変異の大きさからその共通の祖先の誕生した時期を推定できます。その結果は、20万～10万年前という数字でした。また、現在では60億という巨大な人口を持つ現代人も、もとはごく少数の集団から出発したと想定されており、ＤＮＡデータを用いたこれまでの研究では、祖先集団の大きさとしては数千人程度という数が推定されています。つまり、現代人が生まれた過程は、地質学的年代からいえばつい最近ともいえる20万〜10万年前にアフリカでうまれた現生人類の祖先のうち、非常に少数の人々が、７万〜６万年前にアフリカ大陸を出て世界に広がり、それが現代人の祖先になったと考えられるのです。

最先端の分子人類学が明らかにしたこの事実は、それまでの通説を大きくくつがえすものでした。すなわち、それまでの通説は、アフリカで生まれた原人が約１００万年前にアフリカを出て、ユーラシア大陸の東西に拡散し、それが徐々に進化して現生人類になったというものでした。これに対し、分子人類学の最新の知見は、１００万年前の最初の〝出アフリカ〟によってユーラシア大陸に広がった原人はその子孫を残さず、７万〜６万年前の第二の〝出アフリカ〟を果たした人々こそが、アフリカ大陸以外に住む人々のルーツであることを教えています。そしてこのことは、日本列島地域に縄文文化を花開かせた人々が来た道も、大陸から水稲稲作をたずさえて日本列島にわたってきた人たちの歩んだ道も、７万年前にアフリカから始まった旅路の一頁として記録されるべきものであることを示しています。この事実は、世界中に住む人々の、違いよりもむしろ共通の生物学的基盤の存在を示唆するものとして、大きなインパクトをもつ発見でした。文字どおり〝人類は皆親戚〟なのであり、それもごく近い親戚なのです。そしてこのことは、民族の違いを超えた、人類に普遍的な無意識の存在を仮定するユング心理学にとっても、その理論の妥当性を間接的に支持する事実の一つであるように思われます。

前置きが長くなりましたが、分子生物学的手法をもちいた研究によって、埴原による「二重構造モデル」がどのように評価されるか見ていくことにしましょう。ミトコンドリアＤＮＡにおいては、変異のタイプをハプロタイプといい、同じ変異をもつものどうしを集めたグループをハプログループと呼びますが、篠田によると、現代の日本人約７００人のハプロタイプを調べた結果、日本人の中には、図３のような比率をもって、16種類以上のハプロタイプが存在し、ハプログループを形成していることがわかりました。そこで、各々のハプロタイプがどこから来たのかを調べるために、そのハプロタイプが、隣接する集団においてどのような頻度で存在しているかを比較し、その値の勾配から、人の移動の道筋を推定するという手法をもちいた分析をおこないました。

それは、問題を単純化していうと、例えば、ＸＹＺの順に隣接する三つの地域において、仮にＡというハプロタイプの頻度が、各々30％、20％、10％だったとすると、ハプロタイプＡをもつ集団が、Ｘ→Ｙ→Ｚの方向に拡散したと推定する方法です。現代の日本人集団がもつ各ハプロタイプに対する篠田の分析は詳細をきわめますが、興味のある方はその著作に直接あたっていただきたいと思います。

ここで「二重構造モデル」との関係で重要なのは、日本列島の周辺地域には存在せず、日本列島に住む人々のあいだにのみ存在する、ハプロタイプＭ７ａとＮ９ｂの頻度勾配です。この二つ

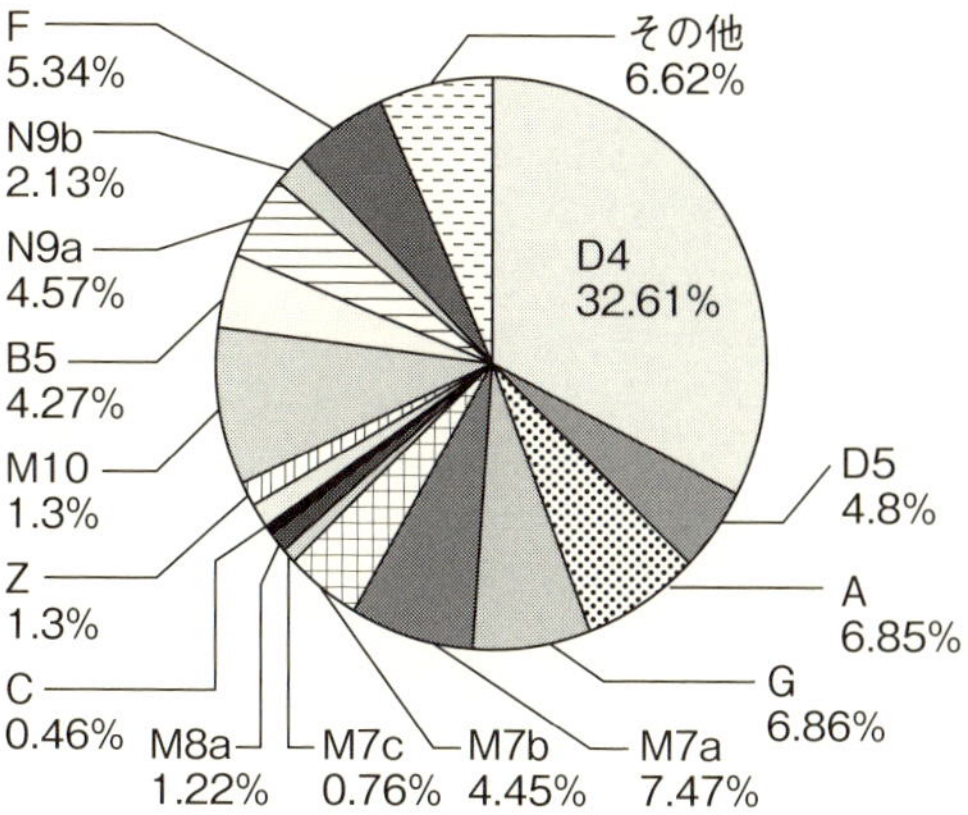

図3　日本人の持つ各ハプログループの割合（篠田, 2007, p.100）

のハプロタイプは日本列島に在住する人々に特有なもので、基層集団に由来するものと考えられています。そして、これら二つには、図4のような頻度の勾配が存在していることがわかりました。この図からわかるのは、ハプロタイプM7aには、日本列島の南から北へ向かって低くなる頻度の勾配があること、ハプロタイプN9bには、北から南に向かって低くなる頻度の勾配があること、そして、とりわけハプロタイプM7aに顕著なのが、列島弧の両端の頻度が中央よりも高いということです。

　このことは、どのように解釈できるのでしょうか。それは一つには、日本列島に住む人の基層集団＝縄文人を形成した人々が入ってきたルートは、南から北に入ってきたものと、北から南に向かったものがあって、それぞれハプロタイプM7aとハプロタイプN9bを担った人々だったということです。そして二つ目には、列島弧の両端に住む沖縄の人々とアイヌ民族の中には、「日本人」にくらべ、基層集団を形成した人々のなごりが、より色濃く残っているということです。さらに、渡来系弥生人骨由来のミトコンドリアDNAのハプロタイプの頻度と、「日本人」、関東縄文人のハプロタイプの頻度を比較してみると、渡来系弥生人において約50％を占めるハプロタイプDの頻度が、関東の縄文人では約25％であり、「日本人」においてはちょうど渡来系弥生人と関東縄文人の中間の値を示すという事実がみいだされました。これらを考えあわせると、ミトコンドリアDNAの分析からえられる、日本人の起源に関する現時点での結論は、以下のようになります。

縄文人と渡来系弥生人に見られる明らかなハプログループ頻度の違いは、両者が系統を異にする集団であることを示しています。ともに独自のポピュレーションヒストリーを持っていたと考えられるのですが、このことはさらに、現代日本人が在来系の縄文人と渡来系の弥生人の混血によって成立したという混血説（二重構造論）を強く支持しています。

（篠田 2007, p.184）

すなわち、日本列島全体に広がっていた基層集団としての縄文人の世界に、弥生人が渡来し、本州・九州・四国では縄文人と混血しながら広がり、それが「日本人」を形成した一方で、列島弧の両端に住む人々のあいだには縄文人のなごりが色濃く残っているという「二重構造モデル」

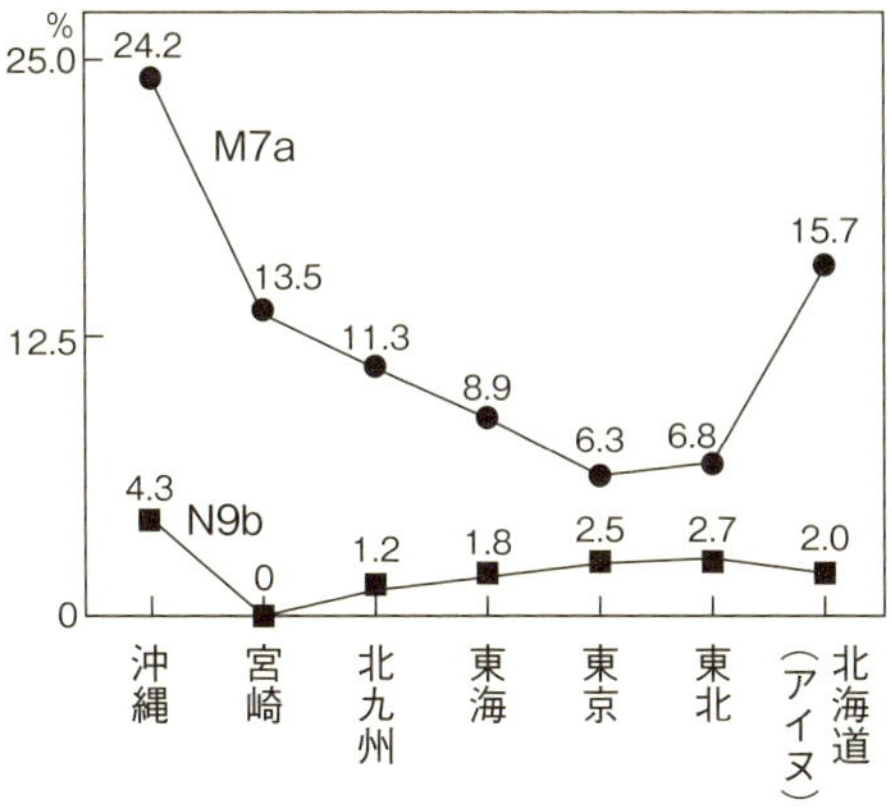

図4　地域別に比較した M7a と N9b の頻度（篠田, 2007, p.148）

の根幹は、現時点での分子人類学の知見とも矛盾せず、むしろ支持されているのです。もちろん、この分野での知見の集積は日進月歩であり、それにしたがって「二重構造モデル」もその細部において修正を迫られていくのは当然ですが、現時点での知見からいえることは、「二重構造モデル」こそが、日本人の起源に関するもっとも信頼すべき仮説だということになります。

　このことは、くりかえしになりますが、自然人類学的知見からみると、縄文文化をになった人々とアイヌ民族にはその形質において深い関係がある一方で、縄文人と渡来系弥生人の混血によって「日本人」が成立したことを意味しています。この事実は、本書をつらぬく問題意識である「『日本人』とは人種的にも民族的にもまったく異なるとされたアイヌの人々こそは、日本の基層文化である縄文の思想の核心を今につたえており、アイヌ文化に対する深い理解があってはじめて、『日本人』の心の重層構造を明らかにできる」という命題を、間接的には支持しています。しかし、それだけでは十分ではありません。なぜなら、この命題は、アイヌ〝文化〟と縄文〝文化〟の深い関係を示すことができてはじめて十分な説得力をもつからです。以下においては、考古学、歴史学、そして地名研究の成果を概観し、縄文〝文化〟とアイヌ〝文化〟の関係がいかなるものであったかについて見てゆきたいと思います。

第2章 「縄文人の心」と「アイヌ民族の心」

本章では、縄文〝文化〟とアイヌ〝文化〟との関係、ひいては「縄文人の心」と「アイヌ民族の心」がいかなる関係にあるかを見ていきますが、その前提として、まず最初に、縄文時代から現在へといいたるアイヌ民族の歴史をふりかえるところから始めたいと思います。

1 アイヌ史をふりかえる

第1章でも述べたように、縄文時代は約1万2000年前に始まり、約2400年前に弥生文化への移行がはじまるまで、1万年もの長きにおよびました。そこに、渡来人によって大陸から水稲稲作がもたらされ、それが九州北部から四国へ、そして本州の南から北へと広がっていきましたが、列島の両端への弥生文化の広がりは遅く、とりわけ現在の北海道を中心とした地域には稲作が広がりませんでした。その結果、本州の北から北海道にかけての地域が、その後独自の歩みを続けることになりました。では、その独自な歩みとはいかなるものであったのでしょうか。

まずは、考古学者の瀬川拓郎がその著『アイヌの歴史 ― 海と宝のノマド』において示した、北海道の考古学年表（表1）を見てみましょう。その表からわかるのは、北海道を中心とした日本列島の北に焦点をあててみると、縄文時代に続く考古学的な年代は、続縄文、擦文《さつもん》、アイヌ文化という歴史区分にしたがって変化してきたということです。では、そこにおける歴史区分はどのような考古学的事実によって決められ、そのような変化は、いったいどういう理由によって生じたのでしょうか。これに関しては、歴史家の平山裕人《ひろと》がその著『ようこそアイヌ史の世界へ ― アイヌ史の夢を追う』の中でおこなった、簡潔にして要をえたまとめがあるので、それを見てみることにしましょう。

北海道の前近代は、考古学で、旧石器・縄文・続縄文・擦文《さつもん》・アイヌ文化の五つの時代に分けられています。日本では、縄文の後に、稲作農耕と金属器の弥生文化になりますが、北海道は一貫して狩猟採集の時代が続きます。
ところが、南方に日本という国ができ、北方に中国が侵出したり、さまざまな民族と交流することで、生活に変化が起きます。
まずは石器の使用をやめ、続いて土器の使用もやめ、たて穴住居にも住まない、その一方で鉄器

表1　北海道の考古学年表（瀬川, 2007, p.17）

年代	北海道		本州（四国・九州）		沖縄
	旧石器時代		旧石器時代		旧石器時代
	縄文時代		縄文時代	草創期	
				早　期	縄文時代（貝塚時代前期）
				前　期	
				中　期	
				後　期	
				晩　期	
300	道東　道南 続縄文時代（前期）		弥生時代		弥生～平安並行期（貝塚時代後期）
500	鈴谷文化 オホーツク文化	続縄文時代（後期）	古墳時代		
			飛鳥時代		
700	トビニタイ文化	擦文時代	奈良時代		
900			平安時代		
1100					ダクス時代
	アイヌ文化		鎌倉時代		
1300			南北朝時代		
			室町時代		三山時代
1500			安土桃山時代		第一尚氏時代 第二尚氏時代（前期）
1700			江戸時代		第二尚氏時代（後期）

表2　北海道の前近代の特徴（平山, 2009, p.21）

	石　器	土　器	たて穴住居	鉄　器
縄　文	○	○	○	×
続縄文	○	○	○	○
擦　文	×	○	○	○
アイヌ文化	×	×	×	○

が流入してくるというように。縄文文化～アイヌ文化への流れは、一貫して同じ狩猟採集民でありながら、交易によって、縄文で使っていたモノを捨てて行くプロセスでもあります。

（平山 2009, pp.21-22）

平山はこのことを、「北海道の前近代の特徴」という表（表2）にまとめました。ここから言えることは、狩猟採集生活の中で完結していた縄文時代とはことなって、続縄文からアイヌ文化期へといたる狩猟採集民族の生活は、稲作農耕と金属器をたずさえ、あたらしく南から出現した文化と正面から向かいあうことによって、大きく変貌を遂げてきたということです。そこにおけるキーワードは〝交易〟であり、北の豊かな自然の中でえられた鮭・毛皮・ワシの羽根などを贈るみかえりに、鉄器や漆塗の器物、そして酒を醸すための米などを手に入れることで、縄文からアイヌへといたる狩猟採集を生業とする人々は、その生活のあり方をかえてきました。

では、このような〝出会い〟によって、古い衣をぬぎ、新しい衣を着るようにその装いをかえてきた狩猟採集民の生活において、その世界観はどのような影響をうけたのでしょうか。つまり、縄文文化をになった人々からアイヌ民族へといたる歴史の中で、その「心」はどのようにかわり、あるいはかわらなかったのでしょうか。以下では、東北地方以北に存在するアイヌ語地名、縄文時代の貝塚とアイヌ民族の〝送り〟場との関係、そして縄文時代からアイヌ文化期へといたるランドスケープの変遷をみることをとおして、その問いに迫っていきたいと思います。

2　アイヌ語地名からみえてくるもの

山田秀三《ひでぞう》は、第二次世界大戦前には官僚として活躍し、戦後は北海道曹達《そうだ》という会社を興して実業家としての人生を歩んだ人です。そのような人物が、どうして本書にかかわりがあるかというと、山田はアイヌ語地名研究者として、不朽の足跡を残した人でもあったからです。狩猟採集の民であるアイヌ民族が残した地名は、その場所の地形を正確に表現しているという特徴をもつため、ある地名がアイヌ語由来であることを示すためには、アイヌ語の音韻の理解が正確で、かつ、その地名の音韻から読み解いたアイヌ語の意味が、その場所の地形をきちんと表現していなければなりません。そうでなければ、アイヌ語地名の研究は、単なるごろ合わせか言葉の遊びになってしまいます。山田の研究は、アイヌ語の正確な理解はもちろんのこと、必ず地名の場所に足を運んで、その地名を表すアイヌ語の意味が地形と一致していることを確かめるという、非常に厳密な方法に裏打ちされたものでした。それゆえ、山田の研究は、しっかりとした基盤の上に立ち、その意味でアイヌ語地名研究における不朽の業績といえるわけです。

前置きが長くなりましたが、いよいよ、山田がその著『東北・アイヌ語地名の研究』において明らかにしたことを見てゆくことにしましょう。それは、山田による以下の言葉に、端的に表現されています。

> 東北地方を南下して来ると、東は仙台のすぐ北の平野の辺、西は秋田山形県境の辺から北にはむやみにあったアイヌ語型のナイのつく地名が、それから南では突然全く希薄になる。またそれとペッ、ウシ等が混在している姿も全然見えなくなる。
> 何でもない地続きの処なのであるが、そこがアイヌ語地名の濃い地帯の南限線であった。
>
> （山田 1993, p.4）

山田はこの事実を、手書きの図（図5）にあらわしました。ちなみに、山田によると、アイヌ語でナイは川、小川、沢を意味し、ペッは川の意であり、ウシは多くあるもの、いつも何々するもの、ついているもの等を意味しています。山田が明らかにしたこの事実が、フィールドワークによって確認された、いかに多くの地名から導き出されたかに関しては、山田の著作に直接あたっていただきたいと思います。では、この事実は何を意味しているのでしょうか。これに関して山田は以下のように述べています。

だがその南限線から一歩南に下るとアイヌ語型のナイは急に希薄になり、それがペッやウシと混在する姿など全く見えない。歩いて別の国に入ったみたいである。どうしてそんなひどい地名断層が残ったのであろうか。

『日本書紀』から『続日本紀』にかけて読むと、その線の辺がだいたい飛鳥朝から奈良朝の初めごろの蝦夷居住地と和人の土地の境界線だった。天平初年では、東は少し北進して、仙台の北の平野の中ほどに五つ前線型の砦（柵）が作られ、西側では秋田、山形の県境の少し南はまだ賊地（蝦夷の土地）と書かれている。この辺で和人の北進が若干停滞した時代があったのではなかろうか。

（山田 1993, p.5）

この南限線から南に下るとアイヌ風の地名がどうして全く急に希薄になっているのか、そのわけが問題である。誰でもすぐに考えるのは次の二つの見方なのではあるまいか。

第一の考え方は、アイヌ語族（蝦夷）が濃く住んでいたのは、元来はこの線の辺までで、それから南には、いたとしてもバラバラとしか住んでいなかったからだ、と考えるべきだろうかという見方である。

第二の考え方は、古く和人が関東の北辺や新潟のあたりから北進して来たのであるが、初めのころは武力的に弾圧して土地を取って行ったので、もともとからの地名はかまわずに捨てて和名でそこを呼んで来たのだが、この南限線の辺りで抵抗が強くなり和夷共存の方針で北進するようになって、この線から北にアイヌ語地名が多く残ったとする見方である。

断片的歴史記録や伝承から見ると、私にはこの第二の見方で考えたくなるが、或はこの二つの見方を合わせたのがほんとうなのかもしれない。

（山田 1993, pp.6-7）

すなわち、山田が明らかにしたこの事実が意味しているのは、先にふれた瀬川による北海道の考古学年表に照らしてみれば明らかなように、考古学的にいえば続縄文から擦文にあたる時期において、アイヌ語地名の南限線以北の地域に暮らす人々は、アイヌ語をもちいていたということです。これは考古学的区分でいうところのアイヌ文化期以前にも、続縄文・擦文文化をになった人々が、確実にアイヌ語を話していたことを意味しています。

いうまでもないことですが、〝文化〟について考えるとき、言葉はその中心にあります。しかし、考古学的遺物をいくら調べても、文字の使用以前に人々がどのような言葉を話していたかわかりません。その点で、山田によるアイヌ語地名の研究は、文化の中核にある言葉の継承について、きわめて重要な事実を明らかにしたものです。そして次の問題は、7世紀以前、和人が北進してくる前の日本列島地域に住んでいた人々はアイヌ語を話していたのかということになりますが、山田はこの点、科学者としての抑制を働かせて、非常に慎重な言いまわしをしています。しかし、「二重構造モデル」が示唆した「縄文文化をになった人々とアイヌ民族にはその形質において深い関係がある一方で、縄文人と渡来系弥生人の混血によって『日本人』が成立した」という命題を考慮すれば、日本列島で縄文文化を花開かせた人々もアイヌ語を話していた可能性は決して低いものではないでしょう。山田も、

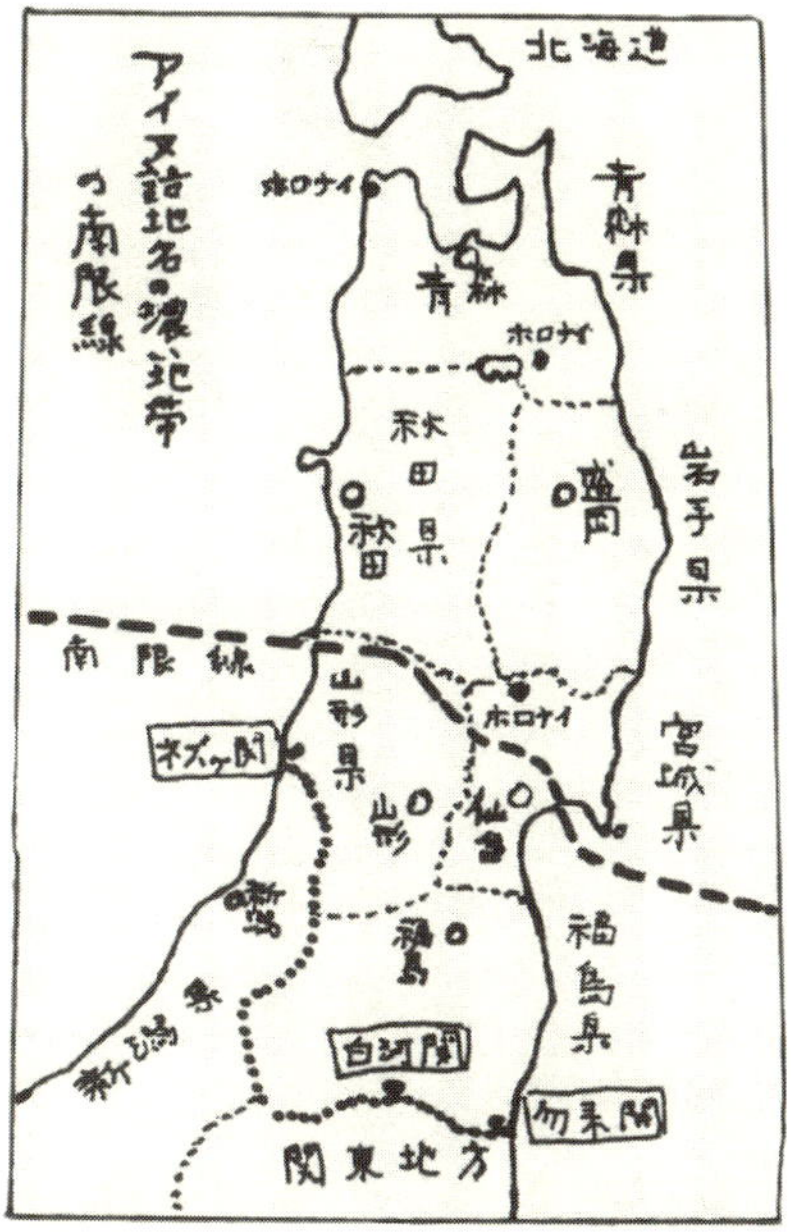

図5　アイヌ語地名の濃い地帯の南限線
（山田, 1993, p.5）

例の南限線がはっきりしてから、私は自信がないことを書きたくないので、専ら北海道や東北の北半を楽しんで歩いて来たのだが、（中略）私は間違いないようにばかり考えて、若いころの夢をわすれていたのじゃないだろうか。

（山田 1993, p.7）

と述べ、その晩年に、南限線以南のアイヌ語地名研究に乗り出しました。しかし、山田は、その仕事が端緒についたばかりで亡くなり、日本列島における東北以南の厳密なアイヌ語地名の研究は、後世の課題として残されることになりました。しかし、少なくとも山田の研究は、アイヌ文化の核心にあたるアイヌ語が、続縄文時代にさかのぼれることを示しており、「縄文人の心」と「アイヌ民族の心」のつながりを考える上で、重要な事実を明らかにしたものです。そのアイヌ語の持つ特徴が、日本人の心における「縄文的なもの」において何を意味するかについては、本書の後半であらためて論じます。

3　貝塚と〝送り〟の関係

次にみていくのは、貝塚の歴史とアイヌ民族の〝送り〟の関係です。よく知られていることですが、海岸線に近い縄文時代の遺跡のほとんどは、貝塚をともなっています。そして貝塚は、食料として利用したあとの貝殻が層をなして堆積した場所であるために、縄文時代の「ゴミ捨て場」と理解されることが一般的でした。これに対して、縄文時代の貝塚のもつ全く別の意味について指摘したのが、生物学者にして考古学者の河野広道です。河野は、昭和10年4月、人類学雑誌に発表した歴史的な論文「貝塚人骨の謎とアイヌのイオマンテ」において、以下のように述べています。

貝塚とは一般に、多少に拘らず貝を食した先住民の塵捨場の跡であって、貝殻が分解し難いために腐らずに残って堆積したものだろう位に簡単に考えられている。然るに本邦における先史時代貝塚には人骨の埋葬されているものが甚だ多く、却って人骨を伴わざる貝塚が甚だ稀な程である。そしてその人骨の埋葬状態を見ると、少なくとも北海道においては、多く屍を丁重に葬り、完全土器や石器等を副葬してある。この事実は明らかに死者に対する情愛や畏れの情の表現であって、宗教的な埋葬法である。廃物捨場を同時に墓場として使用することは、一般文明人の立場からは到底考えられない矛盾であって、私が考古学的研究に興味を感じたのは、まだ少年の頃おいであったが、何故塵捨場に屍体を丁重に葬ったのか解釈に苦しんだものである。然しその後アイヌと親しみ、その風俗を知り、彼等の原始的な宗教思想に慣れるに従って、彼等の廃物に対する見方や取扱い方が我々のそれとは全く異なる事を知り、漸く貝塚＝墓場の謎が解ったのである。

私に貝塚人骨の謎を解いてくれたものは、アイヌのイオマンテの思想に他ならない。イオマンテとはアイヌ学者によって一般に「熊祭り」と呼ばれているものであるが、事実はどうしてそんな簡単なものではなく、強くアイヌの実生活に基づき、それと密接に結びついているのであって、熊祭りはイオマンテの一片鱗にすぎないのである。

（河野 1971, pp.232-233）

この論文で河野が試みたのは、考古学的遺物を単に物としてのみ扱うのではなく、そこにあらわれたものの見方や世界観の表現として分析することでした。その時、河野が依拠したのは、彼がアイヌ民族から学んだ世界観である「イオマンテの思想」にほかなりません。すなわち、河野は「アイヌ民族の心」によって「縄文人の心」を読み解こうとしたのです。河野の仕事は、考古学的遺物に表現された「心」を読み解く試みとして、まさに画期的なものでした。

しかし、ここで「イオマンテ＝〝送り〟とはなにか」についてふれるまえに、少し踏みとどまって、縄文・続縄文・擦文・アイヌ文化期と続く歴史の歩みの中で貝塚がどのように変化したのか、河野の論文に即してふり返ってみたいと思います。そこに何らかの継続性が見いだされてはじめて、「アイヌ民族の心」によって「縄文人の心」を読み解く試みが説得力をもつと思われるからです。

河野の論文によると、貝塚は、以下のようにそのあり方を変えていきました。まず貝塚の形態についてみると、縄文時代において貝塚は広範囲に亘る大きなものが多く、それ等は、小貝塚の連続したものではなく寧ろ幾重にも重なった貝塚でした。その後、続縄文時代になると、貝塚は小規模なものが多くなります。そして擦文時代以降は、そのほとんどが、各竪穴に各一個宛付随しているような小貝塚群となりました。また、人骨の埋葬についてみると、縄文時代の前期には例外なしに人骨が葬られており、それに対して、縄文時代の後期から続縄文時代以降は、物送り場と墓とは、多くの場合立派に区別されており、墓場は見晴らしのよい丘陵上に発達しているのが普通となります。そして、宇田川洋の『イオマンテの考古学』によると、送り場は、竪穴を利用した土を意識する形式、集石遺構にともなう石を意識する形式、貝や動物の遺骨などが送られた貝塚を意識する形式、そして巨木の根元につくられた木を意識する形式などの多彩な姿をとりながら、土器や鉄器など、おのおのの時代を特徴づける遺物をともないつつ、そのままアイヌ文化期の送り場遺構へとつながっていきます。すなわち、送り場としての貝塚は、歴史的に見ても、その規模と姿を変えながら、アイヌ文化期へと受け継がれているのです。そのことは、交易によって縄文時代に使っていたモノを捨てていき、古い衣を脱ぎすてるように姿をかえてきた狩猟採集社会において、その世界観の核心が変わることなく受け継がれてきたことを示すものと思われます。それゆえ、「イオマンテの思想」によって「縄文人の心」を読み解く試みは、強い説得力をもつと言えるのです。

4 〝送り〟にあらわれた「アイヌ民族の心」

ここにいたって、やっとこの章の核心であるアイヌ民族の〝送り〟について述べるときがきました。これまでの論述はすべて、このことを語る準備でした。すなわち、ここまで述べてきたことは、「アイヌ民族の心」について論じることがなぜ「縄文人の心」を解き明かすことに通じるのか、そのつながりを私がさまざまな角度から考えた思考の跡でした。その思考のプロセスがどのくらいの説得力をもっているかは、読者のみなさんの判断をまつほかありません。しかし、何はともあれ、ここでは「アイヌ民族の心」の核心である〝送り〟について見てゆきたいと思います。

ところで、これまでのところ、「アイヌ民族の心」を理解するために〝送り〟とならんで重要な〝カムイ〟という言葉について、くわしい説明をすることなく論述をすすめてきました。しかし、〝カムイ〟を理解することなしに、「アイヌ民族の心」はまったくわからないと言っても過言ではありません。それゆえ、〝送り〟についての説明に入る前に、アイヌ民族にとって〝カムイ〟とは何かを、アイヌ語およびアイヌ文化研究者である中川裕が、その著『語り合う言葉の力――カムイたちと生きる世界』においておこなった説明にしたがって見てゆきたいと思います。

カムイということばをわかりやすく説明するために、まず最初に挙げておくべきものは、このように人間の身の回りにいるさまざまな動物や植物である。最もすべての動植物というわけではない。それぞれの意思を持って、この人間世界で何らかの役割を果たすべく活動していると感じられるもの、それがカムイだと言ってよい。クマやキツネやタヌキはそういう意味でカムイととらえられてきた。間違えてはいけないのは、それらは「神の使い」というようなものではなく、またそれらの動物や植物に「神」が降臨して宿っていると考えるのでもない。一匹一匹のキツネ、一羽一羽のカラスが、それぞれカムイなのであり、祀るべき対象となるものなのである。

（中川 2010, p.21）

カムイということばはまた、いわゆる生き物ばかりではなく、火や水や雷といった自然現象に対しても用いられる。（中略）火そのものがカムイなのであり、ロウソクの火であろうが、ストーブの火であろうが、炎がともされればそこに火のカムイがいると考えるのである。

こうしたものだけを指すのであれば、カムイという言葉は日本語の「自然」とほぼ同義であり、アイヌの人々は自然を信仰していると言っても、そう外れてはいないことになるが、カムイの指すものは実はそればかりではない。人の手でこの世に作り出されたものも、またカムイなのだ。たとえば、舟はカムイであり、家もまたカムイである。臼や杵も、料理を作るための鍋もカムイであれば、それをぶら下げている炉鉤《ろかぎ》も、鍋につっこまれている柄杓《ひしゃく》もまたカムイである。祭りとなれば、女性たちは炉鉤や柄杓に感謝し、お酒を捧げるのを常とする。

（中川 2010, p.22）

外に出ると、家の上手に数多くのカムイを祀る祭壇があり、その祭壇を守るカムイがいる。トイレも家の外にあるが、そのトイレのカムイは人間に害をなす魔物を取り押さえる強力な力も持ったカムイである。村のすぐ近くには必ず川があり、川には水を司る水のカムイがおり、また流れの速いところ、深くなったところには、それを管理して人間が通行できるように努める、水のカムイの配下たちがいる。山に入れば、そこの生える木々も、山菜も、動物たちもカムイである。空を見上げれば、そこに飛ぶ鳥たちはカムイである。海に出れば、魚や貝などもカムイであり、また港や岬を守るカムイたちがいる。

このように、アイヌの人々は、いつでもどこでも数多くのカムイたちに囲まれて暮らしてきた。だからカムイというのは「自然」よりももっと広い概念のことばであり、あるいは「世界」と言ったほうがふさわしいかもしれない。（中略）ただ、それらのカムイはすべて、人間と同じように精神を持ち、喜んだり、悲しんだり、怒ったり、愛し合ったり、嫉妬したりする。そういう存在であると考えていた。それ故、神とか精霊とかいうことばのほうがふさわしい場合もある。つまり、火も水も、虫や穀物も、お椀や箸も、その世界に生きている人たちにとっては、みな意思を持ったものであり、粗末に扱えば怒りを買い、大切に扱えばそれなりのことを返してくれる存在なのだ。人間はすべて、自分たちとは違う自分たちと同様に魂を持った大勢のものたちと、共同で生活を営んでいるという感覚なのである。

（中川 2010, pp.23-24）

こうしたカムイたちは、もともとアイヌモシㇼ「人間の世界」にいるわけではない。本来はカムイモシㇼ「カムイの世界」というところに暮らしている。カムイモシㇼは一カ所にあるのではなく、山に住む動物であればその山の奥深く、海を泳ぐ魚たちであれば水平線の彼方、空を飛ぶ鳥などは天の上にあるとされる。（中略）つまり、人間が通常は行かないようなところにカムイモシㇼがあるとされる。

カムイモシㇼにいる間は、カムイたちは肉体をもたない魂のままの姿であり、その魂は人間と同じ形をしていると言われる。カムイモシㇼでは彼らは、人間と同じように結婚をし、木彫りにいそしんだり、着物に刺繍をしたりして暮らしている。そこから必要があれば人間世界に出かけてくるのだが、その魂の姿のまま人間世界にやってきても、人間はその姿を見ることができない。そこで、それぞれが人間の目に見える衣装をつけてやってくる。その衣装はクマのカムイであれば黒い毛皮であるし、立ち木のカムイであれば樹皮や木材ということになる。火のカムイはおばあさんだと考えられており、人間世界に出かける時には六枚の赤い着物を羽織って出てくることになっている。その赤い着物が人間の目には炎となって見えるというのだ。

（中川 2010, pp.25-26）

長々と引用してきましたが、アイヌ民族にとってカムイが意味するもののイメージはつかめたでしょうか。アイヌの人々にとって、世界はカムイに満ちています。そして、カムイは何らかの役割をもって、カムイモシㇼからアイヌモシㇼにやってきます。その時、それぞれのカムイの魂が身につけてくる衣装（これをアイヌ語ではハヨクペという）が、この世でのカムイの姿です。このことが理解されれば、おのずと〝送り〟の意味も浮かび上がってきます。

ではいよいよ、〝送り〟について見ていきますが、じつは〝送り〟を意味するアイヌ語はいくつもあります。これもまた、中川裕がその著『アイヌ語をフィールドワークする』においておこなった説明に耳をかたむけることにしましょう。

> オマンテという言葉は一般の人にはイオマンテという形でもっともよく知られているはずである。イ i- というのは本来、不定目的格人称接辞であり、対象を限定しないで何か漠然と指すのに用いられる。ある場合には（中略）わかりきっているのであえて明示しないという場合にも使われる。（中略）それと同じでイオマンテのイは、何を言わずともカムイを指していることになっている。北海道におけるカムイの代表格はクマなので、イオマンテというと通常「クマ送り」とか「クマ祭」とか訳されるし、人目に触れる機会としてはそういう場合が多いのだが、じつはイオマンテ

の対象はクマとはかぎらない。キツネ、タヌキ、カラス、なんでもイオマンテになるし、道東ではクマよりもシマフクロウのイオマンテのほうが重要な儀式とされている。（中略）話をクマに限ったとしても、アイヌのイオマンテはクマを飼い育てて送る「飼いグマ送り」という儀礼であり、（中略）つまりイオマンテにおいては「飼い育てる」ことが重要なのであって、山の中で出会ったクマを倒してその霊を送る場合（北方狩猟民の「熊送り」の大部分はこれである）にはイオマンテとは言わない。

（中川 1995, pp.109-110）

このイオマンテというものは、アイヌ文化のいわば象徴的な位置を占める儀礼であるが、「送り」というもっと大きなものを考えた時には、イオマンテはその一部にすぎない。その他にもホプニレ、イワクテ、イクラなどという言葉で表されるいろいろな「送り」の儀礼があり、それ全体がアイヌのコスモロジーにおける諸世界のいろいろな関係を表しているのである。

ホプニレ hopunire というのは、ホプニ hopuni「発つ」レ -re「〜させる」と分解でき、「発たせる。出発させる」という意味である。先ほど述べたように山で狩りをして殺した獲物の霊を送るような場合に用い、いわば人間と取り引きするためにやってきた相手を客として接待した後、帰途に送り出すというような意味合いになる。

それとは別にイワクテ iwakte という言葉がある。ホプニレとほとんど同義にももちいられるが、使い古した鍋や椀などの道具類、あるいはもう使われなくなったヌサ「祭壇」などを送るときには、とくにこちらが用いられる。鍋や椀や臼、ヌサなどは人間が作ったものである。しかし、形を持ちなにかの機能を果たしている以上は、そこに人間と同じような精神があると考えるのがアイヌ人《〔ママ〕》の伝統的な世界観である。そして、人間の世界での役目を果たした後は、それらも獣や鳥たちと同じくその本来の場所に帰っていくと考えられている。

イワㇰテという言葉は、イワㇰ iwak「帰る」テ -te「〜させる」と分解できるが、もう少し厳密にいうとイワㇰテはただ単に引き返すことではなく、「仕事から帰る」ということであり、山で狩りなどをし終えて帰るようなことを指すのである。つまりイワㇰテというのは、人間世界での仕事を終えた器具たちを、その安住の地へと帰す儀礼なのである。

（中川 1995, pp.114-116）

さらにイㇰラ ikra という言葉がある。これはイチャラパの供物や、カムイに捧げる酒やイナウなどを送る時の言葉である。これらもいわば「霊魂」を送るのであるが、これらのように、先方で消費されて無くなってしまうと考えられているものはイワㇰテされる椀や鍋などとはまた別のものとして考えられている。

（中川 1995, p.116）

アイヌ民族にとってイオマンテ、ホプニレ、イワクテ、イクラなど、さまざまな言葉をもちいて表現される〝送り〟ですが、いったいどこに送られるのでしょうか。

では「送る」といって、どこへ「送る」のか? 人間の場合であれば、自分たちが死んだら行くことになっているポクナモシリ「あの世」であった。カムイの場合も同じといえば同じだが、彼らがやってきたもとの場所、自分の本来のすみかであるカムイモシリ kamuy mosir「神の世界」に送り返すのである。カムイモシリというのは、山の獣であれば山の奥深くに、鳥などの空を飛ぶものであれば天空の上に、魚など海に泳ぐものであれば水平線の彼方にあると考えられており、カムイたちはそこで人間と同じ姿をして、人間と同じように暮らしているとされる。その姿は霊魂であって人間の目には見えないが、それが人間の目に見えるような衣装を着けて人間の世界へやってきたのが、われわれの目にはクマやワシのあの姿となって見えるのだという。

カムイたちはいろいろな理由で人間界にやってくるのだが、クマの場合はひとことでいえば「交易」である。肉や毛皮を人間へみやげとし、その代わりに酒やイナウや米の団子など人間の手によってしか作れず、カムイモシリには存在しないものを人間からもらって帰る。そして、帰ってからも人間からの感謝の祈りによってカムイモシリにおける格を高める。そのためクマはあの姿となって、山を下り、人間の獲物となるのである。われわれからすれば狩猟というのは動物との戦いであり、動物が獲物となるということは人間との戦いに負けるということとしか思えないのだが、アイヌの伝統的世界観では、狩猟というのは人間がカムイを客として迎える行為であり、カムイが自分の獲物となってくれるかどうかは、ひとえに自分がカムイに好かれているかどうかにかかっていると考えるのである。

（中川 1995, pp.110-111）

すなわち、〝送り〟とは、カムイモシリから何らかの役割をもってアイヌモシリにやってきたカムイを客として迎え、カムイが衣装（ハヨクペ）として身にまとっていた肉や毛皮をおみやげとしてもらったり、道具として働いていただいたあと、感謝の気持ちを祈りの言葉としてつたえて歓待し、人間にしかつくれないものを土産として、カムイモシリに〝送り〟かえす行為なのです。そこにあるのは、魂どうしの交歓であり、二つの世界のあいだをゆき来する、魂の絶えざる循環です。そのことを中川は以下のように述べ、一つの図（図6）に表現しました。

こうして、アイヌモシリ「人間の世界」、カムイモシリ「カムイの世界」、ポクナモシリ「あの世」という三つの世界は、カムイの人間界への来訪、（中略）カムイと人間の結婚、死、誕生、そして様々な形態の「送り」によって、相互につなげられ、交流が行われている。人間の生活している世界はその一部分でしかなく、そこにおいても、人間の営みは他のあらゆるものとの関わりの上で成立しているというのが、アイヌの基本的な世界観なのである。

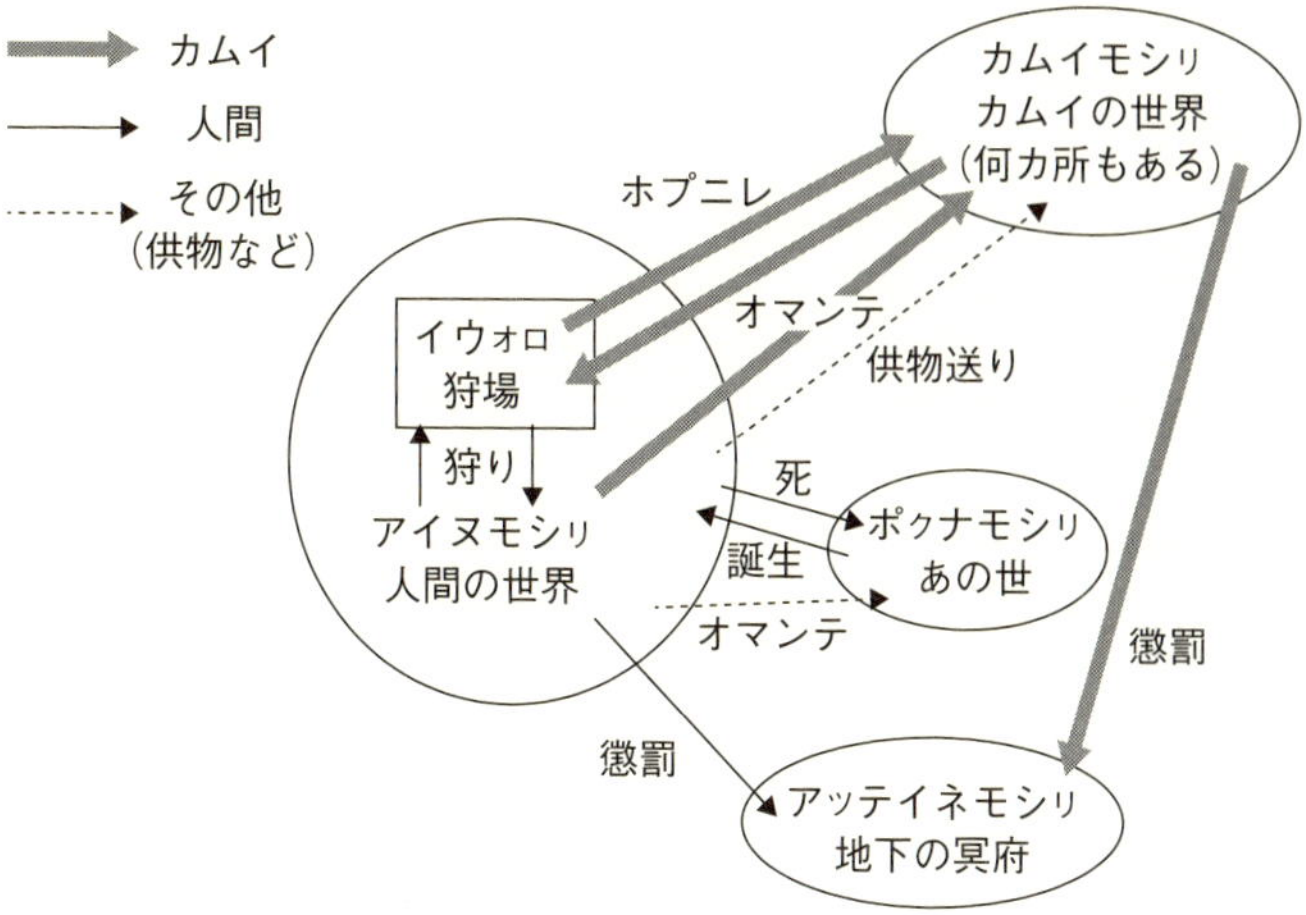

図6　アイヌ民族のコスモロジー（中川, 2010, p.78）

（中川 1995, p.117）

ここまで、アイヌ民族における〝カムイ〟と〝送り〟についての中川の説明に耳をかたむけてきました。そこからわかるのは、アイヌの人々が世界をどのように感じ、理解し、働きかけてきたのかということです。そこにあらわれているものは、「アイヌ民族の心」そのものにほかなりません。

ところで、ユング派をふくめた深層心理学の大きな達成は、人間の心が、「日常の意識」の範囲にとどまらず、それを超える領域に広がる全体であることを明らかにしたことです。そして、「日常の意識」を超えた領域を「深層の意識」と名づければ、「日常の意識」と「深層の意識」との関係を明らかにすることは、深層心理学にとって、つねに中心となる問題意識でした。ここにおいて「深層の意識」という言葉をもちいましたが、これは通常、深層心理学では「無意識」と呼ばれているリアリティーのことです。しかし、ここではあえて「無意識」という言葉はもちいませんでした。それは、私見によれば、「無意識」という概念が、西洋の近代的な自我意識の存在を前提としているからです。河合隼雄は、その著『明恵――夢を生きる』の中で、「無意識」について以下のように述べています。

本来ならば次元の異なる「意識」と言うべきだと思われるが、西洋近代においては「唯一の意識」の考えが定着してしまっていたので、無意識と名づけられたのである。

（河合 1987, p.179）

これは別の言葉でいうと、西洋において、何より他者から〝切れる〟という特徴をもった近代的な自我意識が形成されたことと軌を一にして、そこから切り離されたリアリティーが、「無意識」という領域を形成することになったということです。それゆえ、近代的な自我意識を前提としない「アイヌ民族の心」を表現するのに、ここでは「意識」「無意識」という言葉をつかわず、「日常の意識」「深層の意識」という言葉をもちいました。

前置きが長くなりましたが、以上のような深層心理学の視点からみると、「アイヌ民族の心」はどのような特徴をもつといえるでしょうか。ここで再び、アイヌ民族のコスモロジーを表現するために中川裕が提示した図（図6）を見てください。ここで、そこにおけるアイヌモシㇼを「日常の意識」、カムイモシㇼとポㇰナモシㇼを「深層の意識」と読みかえれば、この図は、深層心理学の視点から「アイヌ民族の心」を表現したものとみることができます。そして、「アイヌ民族の心」を表したこの図をじっとながめていると、その特徴がおのずと浮かび上がってきます。

その一つめの特徴は、「日常の意識」と「深層の意識」のあいだには壁がないということです。このことは、西洋の近代的な自我意識と比較すれば、よりはっきりします。すなわち、強い合理性や一貫性をもった西洋の自我意識にとって、そのもっとも重要な特徴は、「日常の意識」と「深層の意識」が切れており、そのあいだに〝壁〟が存在しているということです。そしてこのことは、豊かな科学的知識の獲得を可能とした一方で、近代的な自我意識は、「深層の意識」とつながる機会を失う危険にさらされることとなりました。そのことは、先にふれたように、深層のリアリティーが「無意識」と呼ばれる領域を形成し、そのため、深層心理学によって〝新たに〟発見される必要が生じたという事実に、端的にあらわれています。それにくらべ、アイヌの人々は、つねに「深層の意識」に属するものであるカムイを、「日常の意識」の領域であるアイヌモシㇼに迎え入れ、祈りの言葉とともに歓待し、再び「深層の意識」の領域であるカムイモシㇼに送り返すことをくりかえしてきました。そこにあるのは、「日常の意識」と「深層の意識」の出会いと別れであり、絶えざる循環です。このように、お互いの存在につねに注意をむけ、出会いと別離をくりかえす「日常の意識」と「深層の意識」との関係こそが、「アイヌ民族の心」の第二の特徴です。

ここまで本章では、中川裕の解説にしたがって、〝送り〟にあらわれた「アイヌ民族の心」を見てきました。そして、深層心理学の視点から見ると、「アイヌ民族の心」がどのような特徴をもつのかを明らかにしました。以下ではそれをふまえつつ、アイヌ民族の民族誌をおおいに参考にしながら、縄文文化について見てゆこうと思います。そのことにより、縄文の遺物に関する一つの〝謎〟の答えが浮かび上がってきます。そして、そのことからうかがえるアイヌ文化と縄文文化の深い関係は、「『日本人』とは人種的にも民族的にもまったく異なるとされたアイヌの人々こそは、日本の基層文化である縄文の思想の核心を今につたえており、アイヌ文化に対する深い理解があってはじめて、『日本人』の心の重層構造を明らかにできる」という命題を、より説得力の高いものにしてくれることでしょう。

5　土偶・石棒破砕の意味するもの

以下では、縄文時代に関して考古学が明らかにした事実について、「アイヌ民族の心」の視点から読み解いてみようと思います。

それは、縄文時代の代表的な遺物である土偶と石棒に関するものです。それについてふれるまえに、まず土偶と石棒とはいったいどのようなものかを見てみましょう。NPO法人三内丸山縄文発信の会編の『The じょうもん検定　公式テキストBOOK』によると

土偶とは「人形《ひとがた》」の土製品で、縄文時代草創期に出現し、弥生時代に入ると激減する。すべての時期に日本全域で常につくられていたわけではなく、前期までは数も少なく、作られる地域も限られていた。

中部地方では中期、関東地方では後期、東北地方では中期から晩期を通じて多量の土偶が見つかっている。

乳房と見られる突起が付いていたり、妊娠線や女性器のような表現があることから、女性をかたどったものであると思われる。用途については諸説あるが、一般的に祭祀の道具であったと考えられている。完全な形で発掘されていることはまれで、ほとんどの場合、手足や胴体、頭などがバラバラになった状態で出土している。

（岡村 2011, p.56）

また石棒とは、棒状の石製品の一端、もしくは両端を亀頭状に加工したもので、男性器を模していると見られ、祭祀の際に用いられたと考えられています。そして、石棒も土偶と同じく、多くは破砕した状態で発見されますが、石棒の中には、破砕されたあと、その亀頭のついた一端が

石囲炉の縁石として再利用された状態で発掘されるものもあります。

ところで、日本を代表する考古学者にして縄文文化の研究者である小林達雄は、その著『縄文人の世界』において、縄文人が作った道具を「第一の道具」と「第二の道具」に分類しました。小林によると「第一の道具」とは、石鏃、石槍、針や銛先などの労働生産用具、石皿や土器などの厨房具、砥石、石錐、鑿などの工具がその中にふくまれます。つまり、具体的な用途や使用法がはっきりしている道具がこれにあたります。それに対して第二の道具は、その形態の物理的特徴によって機能を果たしたのではなく、その形態に与えられた象徴的意味づけによって目的を完遂した、と考えられています。すなわち、儀礼・呪術などとかかわって効果が期待されるがゆえに、儀器・呪術具などと呼ぶことができる道具です。つまり、土偶と石棒は、典型的な「第二の道具」であり、実用的な使い道のはっきりした「第一の道具」にくらべて、「縄文人の心」がより純粋なかたちで表現されていると推測できるのです。

では、「縄文人の心」の直接的な表現であるはずの土偶や石棒は、なぜ多くの場合、破砕された状態で出土するのでしょうか。この〝謎〟をめぐっては、すでに多くの学説が提唱されています。「土偶の破砕」を説明する学説としては、小林達雄が提唱した「形代説《かたしろせつ》」、日本を代表する神話学者である吉田敦彦が提唱した「地母神被殺説」が有名です。「形代説」について小林は、「縄文人の心」を解説したみずからの論文「縄文人の心──自然の歌を聴きながら」において以下のように述べています。

（縄文）中期におけるもう一つの土偶の役割の変貌は、壊されるという大変な役割を担うようになったということです。絶対多数がバラバラに壊された状態で見つかるのです。注目すべきは、首や四肢の付け根の接合部をあえて壊れやすくつくったものがあることです。板チョコの筋目にちなんで、私はこれを「チョコレート分割の原理」と呼んでいます。肝心の壊す理由は到底知り得ませんが、こうした土偶に、傷ついた身体の部位の身代わりになってもらったのではないかという「形《かた》代《しろ》説」は、他民族にも見られる興味深いものです。

（小林 2012, pp.64-65.（ ）内は筆者が補足）

すなわち、小林は、傷を負ったり病を得た人が土偶を「形代」として、自らの病気や怪我の場所に相当する土偶の部位を破壊することによって、降りかかる禍の身代わりにしたものと考えるのです。次に吉田の提唱した「地母神被殺説」ですが、これについて吉田は、その著『昔話の考古学』において、釈迦堂遺跡から出土した土偶を例に次のように述べています。

釈迦堂から出土した１１１６点もの土偶がすべて破片で、それらから完全な形が一点も復元できなかったことからは、土偶がすべて最後には破壊されていただけでなく、破片が別々にされて離れた場所に運ばれていたらしいということも、ますます明瞭になってきた。このことから当時の人たちが土偶によって表された女神に対して、殺されて身体を破片に分断されることによって、人間に必要な良いものを生み出す母神としての働きを果たしてくれるという信仰を持っていた。そしてその信仰に基づいて、女神を殺し死体を分断して分ける儀礼を、女神の像である土偶を破片に分断して分けることで、くり返していたのではないかと推測してよいのではないかと思える。

（吉田 1992, pp.179-180）

つまり、縄文時代中期における土偶のあり方からわれわれは、この時代にわが国がすでに、イエンゼンの言う「ハイヌウェレ型神話」の型に当てはまるような神話が語られていた。当時の人々は、その神話の主人公の母神である女神の姿を、土偶によって表していた。そしてその土偶を分断し、破片を分けることによって、古栽培民が生贄を使って実施してきたのと同じ意味を持つ、女神の殺害を表す儀礼を、祭りの中でくり返し行っていたと推測できる。

（吉田 1992, pp.180-181）

吉田敦彦が提唱した「地母神被殺説」とは、すなわち、地母神である土偶を破壊することの背後には、地母神の切り刻まれた遺体から穀物が化成したというハイヌウェレ型（ハイヌヴェレともいう）の神話があって、土偶の破砕は、その神話を再現する儀礼であったというものです。ところで、ここにでてきた「ハイヌヴェレ型神話」とはいったいどのようなものでしょうか。後藤明が、その著『南島の神話』においておこなった要約を以下に示します。

バナナから生まれた男がココ椰子を埋めておくと、そこに成長した木から女が生まれた。彼女はハイヌヴェレと名づけられたが、大便から陶器のような貴重品を生み出したので男は裕福になった。しかしその秘密を知った友人たちは踊るふりをして、彼女を生き埋めにして殺してしまった。父親は娘の身体を掘り出して切り刻み、破片を一つ一つ別の場所に埋めると、それぞれ違う種類のイモが生えてきた。これが今、人類が植えているイモになった。

（後藤 2002, p.57）

すなわち、インドネシア・セラム島の女神ハイヌヴェレにちなんでハイヌヴェレ型と名づけられたこの神話は、農作物の起源を示すもので、その作物の生まれるあり方から、別名を「死体化成型神話」とも呼ばれています。そして、日本においても、古事記と日本書紀にまったく同じモチーフの神話があります。それが、古事記においてはオホゲツヒメ、日本書紀にあっては保食神《うけもちのかみ》の話です。これも後藤による要約を示します。

オホゲツヒメは自分の鼻、口や肛門からいろいろの穀物を取り出しては他の神々に与えていた。あるときそれを盗み見たスサノヲノミコトは、自分に汚いものを食わせたとしてオホゲツヒメを殺してしまった。すると彼女の体からいろいろな穀物が生えてきた。頭から蚕、目から稲、耳からアワ、鼻から小豆、陰部から麦、尻から大豆が生まれた。これが日本の五穀の起源である。

（後藤 2002, p.56）

日本書紀の神話では、保食神《うけもちのかみ》を殺すのがスサノヲノミコトではなく月夜見尊《つくよみのみこと》であるという違いがあるものの、そのモチーフはまったく同じです。すなわち、農作物の起源を示すハイヌヴェレ型神話のモチーフは、「日本の」神話である古事記と日本書紀の中にも存在しています。そして、この神話は、女神が殺されてその身体から有用な農作物が再生するという、農業文化における「死と再生」のモチーフを表現しているのです。

次に石棒についてですが、先にもふれたように、石棒のほとんどは輪切りなど分割された状態で発掘されます。では、石棒も、なぜ土偶と同じように破砕された状態で発掘されるのでしょうか。これに関して、筆者の知りえた範囲では、小林公明による「火神被殺説」と、鈴木素行による「結婚儀礼説」があります。まず「火神被殺説」ですが、これについて小林は、みずからの論文「新石器時代中期の民俗と文化」において以下のように述べています。

これまで出土している沢山な石棒を見渡して、まず気付かれるのは、完全な形のものが実に少ないことだ。石棒というのは、ほとんど折れているのが当たり前で、完形品はほんの稀にしか見いだされないのである。このような石棒の有様は、（中略）土偶の運命にそっくりだ。（中略）女神像である土偶が殺《あや》められ、女性を表徴する石うすが割られるのは、女神の死を通して新たな豊穣が約束されると信じられていたからである。すると、男性を体現する石棒が折られ、いずこかに隠されたりばら撒かれるのも、同様な宗教的観念に基づくものと考えるほかない。女神のみならず、男神にまで死と再生の論理が適用されたということだ。

（小林 1991, pp.336-337）

この記述ののち、小林は、火にかけられた痕が石棒にみえることや、破壊された後の石棒が、炉辺の囲い石として再利用されている例をあげたあとで、以下のように述べています。

以上の諸例を総合すれば、その内容が一層具体的となる。要するに、そこでは、火の起源神話が実演されているのである。古事記の時代にまで伝承された話だ。（中略）イザナギとイザナミは島々を生み、ついで神々を生む。しまいに火の神を生むのだが、そのときイザナミは陰《ほと》を焼かれ、ついに死んでしまう。嘆き怒ったイザナギは、長剣を抜いて火の迦具土《かぐつち》の神の頭を斬ってしまう。（中略）

案ずるに、どうも、それら炉端に埋め込まれて頭を出している石棒というのは、それ自体が火の神だと思われる。（中略）それはまさしく父神イザナギによって首を斬られたイザナミの子、カグツチの姿ではあるまいか。

（小林 1991, p.339）

古事記の中では、カグツチの死後、剣に付いたその血から、のちに大國主神《おおくにぬしの》の国譲りの時に活躍する建御雷之男神《たけみかづちのをの》など威力ある神々がうまれ、その身体からは山の神である正鹿山津見神《まさかやまつみの》などが生まれたと語られています。火の神カグツチの死によって生まれたのは、戦いの神や国土の神であり、これは「死体化成型神話」であるという点では、ハイヌヴェレ型神話と同じです。その意味では、小林公明も指摘しているように、火の神カグツチの神話は、「死と再生」をモチーフにしているといえます。すなわち小林は、石棒破砕の背後に、火の神の被殺による「死と再生」のモチーフの存在をみてとったのです。次に、鈴木素行による「結婚儀礼説」ですが、鈴木は石棒が火にかけられたあとで破砕され、住宅から離れた場所に埋められた状態で発掘されることが多いという事実を確認したうえで、その論文「石棒」において以下のように述べています。

（石棒が破砕された状態で発掘されるという事実は）大型石棒が一回の祭儀に帰属する装置であることを明確に示す。準備することの価値を損なわず維持しつづけるために、「隔離」「埋没」「燃焼」「破砕」が実行された。次の祭儀には、また新たな大型石棒を準備することが要求されるのである。

（鈴木 2007, p.91.（ ）内は筆者が補足）

それでは、大型石棒には、どのような性格の祭儀が想定できるのか。これには、祭儀の装置として一回限定を重視し、人生儀礼を相当させて考える。男性器という記号からは、そのまま男性の成人儀礼が連想しやすい。

（鈴木 2007, p.91）

「交接行為」は婚姻を象徴する表現ととらえ、大型石棒には、婚姻の儀礼すなわち婚儀に準備された装置であったことを想定する。他の集団から婚入者を迎える婚儀は、集団の成員として加わることの承認の儀礼でもある。大型石棒の準備を、当事者の男性に課せられた婚入の道具立てとも見ておきたい。（中略）大型石棒は、婚姻の場でのみ披露される。抱えもちながらの舞踏があったと見るのは想像にすぎるだろうか。

（鈴木 2007, p.92）

すなわち鈴木は、男性器をあらわす石棒が、結婚の儀礼の時に一回だけ使用され、その儀式の価値を守るため、終了後に破壊されたと考えるのです。

以上、「第二の道具」の代表である土偶と石棒が破砕された形で発掘されるという縄文時代の遺物をめぐる〝謎〟を説明する諸説について見てきました。個々の説についてはのちにくわしく見ていきますが、土偶と石棒の破砕に関連して、もう一つの重要な事実を指摘しておかねばなりません。それは土偶の破壊の例として、先に吉田敦彦があげた釈迦堂遺跡の1116点もの土偶は、じつは「盛土《もりど》遺構」の中で発見され、三上徹也がその著『縄文土偶ガイドブック――縄文土偶の世界』で指摘しているように、その大半は壊れた土器とともに、客観的には捨てられている状態で出土し、土偶自身も100パーセントといっていいほど壊れていたということです。

ここで「盛土遺構」について一言すると、それは縄文の遺跡に付随する、土器などの器物を中心とした送り場遺構です。貝などの食物の送り場が貝塚を形成するのに対して、器物の送り場は盛土をともなうため、盛土遺構といわれます。そして、そこで発掘される器物はほとんどが破壊された状態で発見されるのです。つまり、土偶と石棒の破砕という〝謎〟の解釈は、土偶や石棒に加えて、器物が送り場から破砕された状態で発見される理由をも説明していなければならないのです。

以上、縄文の遺物である土偶、石棒そして器物にみられる破砕という〝謎〟と、その〝謎〟をめぐる解釈について見てきました。ここにいたって、アイヌ民族における〝送り〟の思想によって、土偶と石棒の破砕の〝謎〟を解釈するための材料が出そろいました。ここでふたたび、アイヌ文化における〝送り〟についての説明を思い出していただきたいと思います。そこで明らかにしたのは、イオマンテ、ホプニレ、イワㇰテ、そしてイクㇻなど、アイヌ語において多彩な表現をもつ〝送り〟の本質は、アイヌモシㇼとカムイモシㇼのあいだの魂の交流であるということでした。カムイの魂がアイヌモシリに来訪するときには、「ハヨクペ（衣装）」と呼ばれるアイヌモシリでの身体を着てくるのであり、それゆえ、カムイの魂を〝送る〟ためには「衣装」を脱いでもらう必要があります。それが、動物においては殺し解体することであり、器物においては「壊す」ことなのです。ここで、アイヌ民族の民俗誌から二つの例を見てみましょう。まず最初は、アイヌ民族出身のアイヌ語およびアイヌ文化研究者である萱野茂が、その著『五つの心臓を持った神――アイヌの神作りと送り』の中でとりあげたものです。

アイヌ民族において、パヨカカムイ＝歩く神・疱瘡《ほうそう》が流行《はや》ったとか、流行り風邪《かぜ》などが流行ったという話が聞こえた時、ノヤイモシカムイ（五つの心臓をもった強い神）を作るのですが、それは、次のようなものです（写真1）。

枯れたヨモギを集めてきて、長さ55センチほどにして14本か15本たばねて、イテカセ＝シナの木の皮でよった糸でしばり胴体を作り、中ほどに水の神からもらい受けた小指の先くらいの石粒《いしつぶ》を心臓としていれる。

胴体から下の方を両方へわけて足を作り、それぞれの足首の所へ、ケマサンペ＝足の心臓として石粒を入れ、次は長さ約33センチのヨモギを10本ほどたばねて、両方の腕にする。腕になる部分の手首にも、テクサンペ＝手の心臓として石粒を入れる。

ここまで作ったら、ノヤオプ＝ヨモギの槍《やり》を左手に、ノヤエムシ＝ヨモギの刀を左の腰《こし》に差す。

右手は常にあいていることによって、どんな魔物《まもの》が来ても、斬《き》ること突《つ》くことができるわけである。

このようにして作った神を火の神に対面させて報告することによって、はじめて神としての力があたえられる。このことを、カムイアラマッコレ＝神に魂《たま》を与える、という。

（萱野 2003, pp.260-261）

本当の心臓とは別に、テクサンペ＝二つの手の心臓、ケマサンペ＝二つの足の心臓と心臓が五つもある神は、さぞや強かった神であり、どんな流行病を運ぶ神をも撃退できると信じていたのであろう。

（萱野 2003, p.262）

この強い神を作ったことによって、村へ流行病が入ってくることなく、無事に過ごすことができると、村人が全部集まってたくさんのお酒を醸《かも》して団子を作り、山ほどのみやげを持たせ、口々に礼を言って、神の国へ送り返すのである。

（萱野 2003, p.262）

ここで神の国へ送り返すとは、具体的には、送り場において、ヨモギを束ねて作ったノヤイモシカムイをほどき、心臓として入れた小石を取出して解体することです。病気のカムイを撃退するするためのノヤイモシカムイの神送りの儀礼については、萱野のていねいな説明につけ加えることはありません。次に紹介するのは、アイヌ民族の葬送習俗に関して、中川裕がその著『語り合うことばの力――カムイたちと生きる世界』においてとりあげた例です。

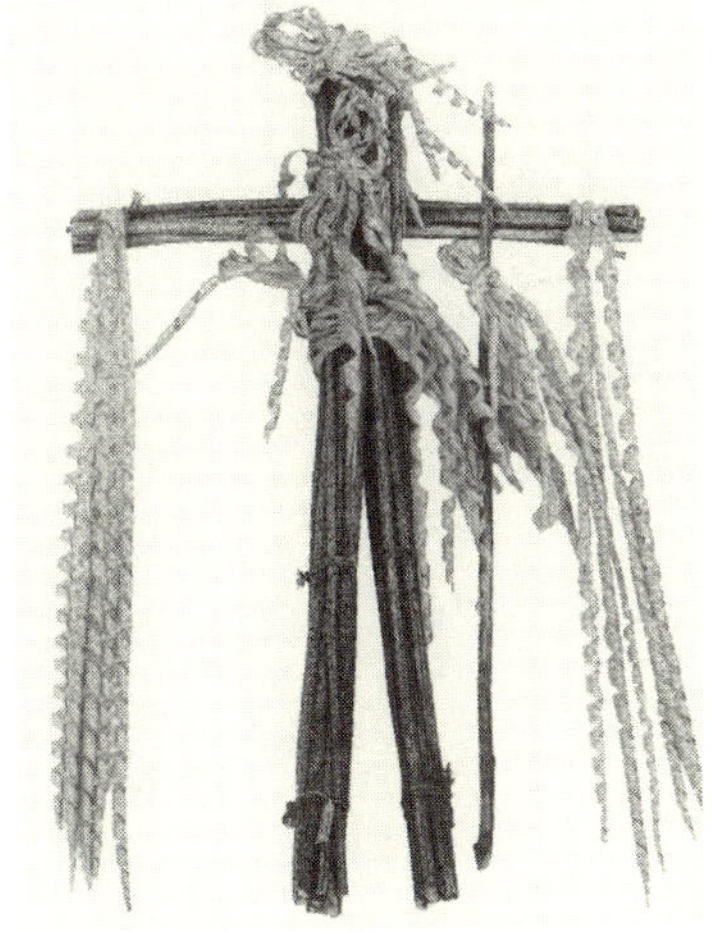

写真1　ノヤイモシカムイ
（萱野, 2003, p.261）

家の中での葬儀が終わると、墓地に運んで行って埋葬する。かつては、すべて土葬であった。そして、死者が生前に使っていたものなどを副葬品として一緒に埋めてやる。これは和人社会でも行うことだと思うが、少し違うのは、お椀とか箸とか愛用のキセルとか、そういったものをそのまま埋めてしまってはいけない。それでは生き埋めになってしまってあの世へいくことはできない。ただその魂だけが死者と同行することができるのである。だから、そうした副葬品も、肉体から魂を解放してあげなければならない。したがって、お椀には底に刃物で十字の傷をつけ、着物であれば裾や袖にハサミを入れる。そうすることによってそれらの品々も死ぬことになり、死者があの世で使うことができるようになるのである。老人、とくにおばあさんが亡くなった時には、生前住んでいた家を燃やしてあの世に送ってやるという風習もあった。女性があの世に行って自分の家を建てるのはおおごとである。だから住みなれた家の魂を送り届けてやろうというのだ。

（中川 2010, p.81）

アイヌ民族の民俗誌にあらわれたこの二つの例を見れば、土偶と石棒がなぜ破壊された状態で発掘されるのかという〝謎〟の解釈も、おのずと浮かび上がってきます。すなわち、「第二の道具」としての土偶も石棒も、人に作られることによってアイヌモシリへと迎えられ、その役割が終わるとともに、カムイモシリに〝送られた〟のです。そして、盛土遺構において発見される器物も、アイヌモシリでのその役割を終えるとともに、カムイモシリへとイワクテされる（＝仕事を終えて帰る）とき、ハヨクペ（＝この世での器物としての姿）を脱いでいただくために破砕されたものと思われます。つまり、土偶と石棒の破砕には、〝送り〟にあらわれた「アイヌ民族の心」と同じものが表現されており、そのことは、「日本」文化の基層にある「縄文的なもの」を「アイヌ民族の心」によって読み解くことが、決して的はずれではないことを示しているのです。

ここで、あらためて土偶と石棒の破砕に関する諸説について、上記の視点をふまえつつふりかえってみましょう。まず小林達雄の「形代」説ですが、土偶破砕の理由を、病の身代わりの儀礼にのみ限定しているところが一つ目の問題です。アイヌ民族の民俗誌によると、「作られた神」

による儀礼は、ノヤイモㇱカムイによる病魔撃退の儀礼のみならず、他にもたくさん存在しており、萱野茂は『五つの心臓を持った神――アイヌの神作りと送り』の中で、家の守護神であるチセコㇿカムイの例などをあげています。すなわち、縄文人にとって土偶がどのような働きをするカムイであったかについては、別に考える必要のある大切な問題ですが、少なくとも土偶が、病気の退散を願う「形代」としての意味だけをもっていたとは言えないと思われます。

二つ目の問題は、それがたとえ「形代」であるにせよ、破砕される理由は、病のカムイをカムイモシㇼに〝送る〟ためであり、ここに焦点があわないと「縄文人の心」の働きが見えてこないということです。実際、日本の民俗宗教には、「形代」に害虫や怨霊をつけて川や海に流し送る儀礼が数多く存在しますし、また医師でありアイヌ文化研究者であったマンローは、その著『アイヌの信仰とその儀式』において、アイヌ民族のなかにも、病気のカムイをいたどりの茎で作った舟で〝送る〟「ウエポタラ」という儀礼があることを紹介しています。そして、これらの儀礼にも、その背後には、病気の神をカムイモシㇼに送り返すという「心」の働きが存在しています。すなわち、日本における「形代」の習俗は、「日本人」の心に息づく「縄文的なもの」のあらわれなのです。

次に、土偶の破砕に関する吉田敦彦の「地母神被殺説」と、石棒の破砕における小林公明の「火神被殺説」を見てみますと、別々に唱えられたこれらの説の背後には、地母神と火神の切断された遺体から農作物や戦いの神などがうまれるという共通の構造が存在しています。そして、そこにあらわれた「死と再生」というモチーフから土偶と石棒の破砕を読み解こうというこれらの説は、土偶と石棒の破砕を一つの世界観から統一的に解釈しようという試みとして、説得力に富んでいます。しかし、そこにはいくつかの問題があるように思われます。

まず一つ目は、これらの説によって土偶と石棒の破砕については説明できますが、盛土遺構における それ以外の器物の破砕は説明できるだろうかという点です。二つ目のより重要な問題は、ハイヌヴェレ型神話によって「縄文人の心」を読み解くことははたして妥当かということです。先にも述べたとおり、「日本の」神話には、古事記におけるオホゲツヒメ、日本書紀にあっては保食神《うけもちのかみ》というハイヌヴェレ型の神話が存在しています。そして、火の神カグツチの誕生とその母イザナミの死をめぐる神話には、死体化成型神話のモチーフがくり返しあらわれています。そこにあらわれた「死と再生」の神話的モチーフが、「日本人」の心の大切な部分を表現していることは間違いありません。しかし、結論を先取りしていえば、これらの神話にあらわれているのは、「日本人」の心における「弥生的なもの」なのです。そして、「縄文人の心」を読み解くには、ハイヌヴェレ型神話とは対照的なプロメテウス型神話について知る必要があるのですが、このことは非常に重要なので、次章においてあらためて論じます。

最後に、鈴木素行の「結婚儀礼説」について一言しますと、まず石棒が破砕されている状態で発掘されるという事実が、大型石棒が一回の祭儀に帰属する装置であることを明確に示しているとは言えないことを、指摘しなければなりません。アイヌの民俗誌におけるノヤイモシカムイのような「作られた神」の儀礼において、「作られた神」が解体されるのは、〝送る〟ときです。たとえば、家の守り神であるチセコロカムイは、その家が建つと同時に作られ、家を解体するとき神送りの祈りとともに解体されるのが普通です。つまり、家が建っている間は家の安全を守るというこの世での勤めを果たしているのであって、〝送り〟のときに解体されることが、必ずしも「一回の祭儀に帰属する」ことを示すわけではありません。

次に、「婚姻の儀礼のために用いられた」という解釈に関しては、性の象徴が、異質なものどうしの結合による新たなものの創造にかかわる幅広い意味をふくむことを考えると、石棒の役割は、必ずしも文字通りの結婚の儀礼に限定する必要はないと思われます。もちろんこれは、石棒が婚姻の儀礼に使われたことを否定するものではありません。しかし、それが破砕された背後には、この世での役割を終えた石棒のカムイを〝送る〟という心の働きがあり、そこに焦点があってはじめて、石棒破砕の意味も浮かび上がってくるのです。

以上、土偶と石棒の破砕という考古学的事実は、〝送り〟によってこそ読み解けることを示しました。このことは、「アイヌの人々こそは、日本の基層文化である縄文の思想の核心を今につたえている」という命題の説得力を、より高いものにしてくれたのではないかと思います。ここで思い出されるのは、本居宣長がその著『古事記伝』の中で示した「日本人」にとっての「神」に関する有名な注釈です。その中で宣長は以下のように述べています。

さて凡て迦微《カミ》とは、古《イニシヘノ》御典等《ミフミドモ》に見えたる天地の諸《モロモロ》の神たちを始めて、其《ソ》を祀《マツ》れる社に坐ス御霊《ミタマ》をも申し、また人はさらにも云ず、鳥獣木草《トリケモノ》のたぐひ海山など、其餘何《ソノホカナニ》にまれ、尋常《ヨノツネ》ならずすぐれたる徳《コト》のありて、可畏《カシコ》き物を迦微《カミ》とは云なり。すぐれたるとは、尊《タット》きこと善《ヨ》きこと、功《イサオ》しきことなどの、優《スグ》れたるのみを云に非ず、悪《アシ》きもの奇《アヤ》しきものなども、よにすぐれて可畏《カシコ》きをば、神と云なり

（本居 1968, p.125）

すなわち、ここで宣長が明らかにしたのは、「日本人」にとってのカミとは、神社に祀られた神のみならず、「尋常《ヨノツネ》ならずすぐれたる徳《コト》のありて、可畏《カシコ》き物」が神なのであり、それは八百万の神々として今も「日本人」の心に生きているということです。そのような神々と祖霊をこの世に迎え入れ、歓待して送りかえす感性は、今も「日本人」の中にあり、現在でも、お盆やお彼岸に先祖を迎える習俗、祇園祭で有名な御霊信仰、針供養、人形供養、そして様々な祭りなどの中に、その姿をかいま見ることができます。これこそが「日本人」の心の基層において「縄文的なもの」を形づくっており、〝送り〟にあらわれた「アイヌ民族の心」こそ、そのもっとも純粋な表現なのです。

6 「縄文ランドスケープ」と「アイヌ・ランドスケープ」

考古学者の松本直子は、縄文社会を大胆に復元しようと試みた野心的な著作である『縄文のムラと社会〔先史日本を復元する 2〕』において、集落構造の持つ意味について以下のように述べています。

> 集落の構造は、その集落を作った人々、そこに住んでいる人々の世界観や価値観と密接に結びついている。人は、自分たちがもっている世界観、すなわち、自然も社会関係も含めて世の中はどのように成り立っているのか、またどうあるべきか、ということを、物理的に表現しようとするからである。縄文の人々も、ただ風雨をしのいで生きていけるだけの施設を作るだけでは満足しなかった。自分たちの世界観の中に自然を取り込み、自然に働きかけ、ときに大きなエネルギーを注いでいろいろな施設を作ることによって、自分たちの世界観を体現する生活環境を作り出していったのである。
>
> （松本 2005, p.39）

また、瀬川拓郎は、その著『アイヌの歴史 —— 海と宝のノマド』において縄文人やアイヌの人々が暮らした集落とその周囲の空間が作り出す景観を、「縄文ランドスケープ」「アイヌ・ランドスケープ」と名づけ、それぞれが持つ「精神的に異なる意味」について論じています。以下では、考古学者の岡村道雄と瀬川の仕事を参考にしつつ、縄文時代からアイヌ文化期へといたる歴史の変遷の中で、集落構造をふくめた「縄文ランドスケープ」「アイヌ・ランドスケープ」がいかに変化したかを見ていきます。そして、集落構造と周囲の空間が織りなす景観に、世界観や精神的な意味を読みとる松本・瀬川の視点をおおいに参考にしつつ、そこにあらわれた世界観の変化について考えていきたいと思います。

岡村は、その著『日本の歴史01　縄文の生活誌』において、縄文時代の村落を構成する要素として、貝塚・ゴミ捨て場・盛土遺構などと呼ばれるゴミの処理・送り（祭祀）をした場所、墓地、そして竪穴や掘立柱建物をあげ、それらが作りだす集落構造について、以下のように述べています。（ちなみに、この中に西日本についての記述がないのは、縄文時代の遺跡が、とりわけ前期から中期にいたる期間において東日本に集中し、西日本は人口も遺跡の数も少ないためです。）

これまで見てきたような住居、墓、貯蔵施設、ゴミ捨て場など、各施設の構造や配置は、地域と時期あるいは地形、立地によって必ずしも一様ではない。
北海道では、縄文早期半ばの早い時期に、墓穴と竪穴住居が環状に近い形で配列された集落が出現する。さらに前期中期には、規模も拡大し、竪穴住居が合計百棟を超えていた遺跡も多いが、墓地は住居から離れて営まれた。
東北地方北部の前期・中期には（中略）集落は横長に展開し、土壙墓は二列に相対して、細く伸びる例が多い。
一方、岩手・秋田県以南の東北地方から、関東・中部地方では、前期前半から中期を中心として環状集落の典型例が認められる。（中略）
環状集落は、中央に一定の広場を決め、その周りの環の部分に住居などを建てていった結果できあがった規格的なもので、中央の広場には、貯蔵穴や土壙墓群が設置されていることが多い。中央広場の貯蔵穴群の半ばまで埋めて墓にした例もあり、祖先の死霊《しりょう》を中心に据えた集落構成が読みとれる。

（岡村 2008, pp.189-190）

ここで岡村の説明をまとめると、北海道では、墓と住居を環状に配した集落に、送り場遺構が付随した集落構造からはじまり、そこから時代が下るにしたがって、墓地が分離していくという変化が見られます。東北北部では、線状に配された墓地と住居に、送り場遺構が付随した集落構造がその代表的な形です。そして、東北南部から関東・中部にかけての地域は、縄文時代の集落構造の典型として取り上げられることが多い環状集落という集落構造が見られます。それは、上記のとおり、環状に配された住居域の内側に墓地が囲い込まれた集落に、送り場遺構場が付随するという、非常に特徴的な構造をもっています。つまり、地域によって線上・環状という違いはありますが、送り場と墓地と住居が一体となった集落構造こそ、縄文時代の基本的なあり方であったことがわかります。そこから、北海道では徐々に墓地が集落の外に位置するようになり、それはそのまま続縄文時代からアイヌ文化期へと続いていきます。そして、本州以南では、送り場と墓地と住居が一体となった縄文時代の集落は、水稲稲作とともに北上して来た弥生文化を代表する環濠集落へと、劇的に取ってかわられることとなります。

では次に、このような縄文時代の集落構造は、アイヌ文化期へといたる時代の流れの中で、どのように変化したのでしょうか。以下において、瀬川拓郎がその著『アイヌの歴史——海と宝のノマド』において明らかにした、北海道旭川地方の例を見ていきます。現在の旭川市がある上川盆地は、石狩川と忠別川という二本の河川の扇状地によって構成されていますが、瀬川が描く上川盆地の景観は以下のようなものです。

> この二つの扇状地には三つの河岸段丘面がある。川に面している最下の面が「段丘三面」、これより一段高いのが「段丘二面」だ。（中略）二つの段丘面はもともと2メートルほどの崖で区切られていた。この段丘二面より50メートルほど高い丘が「段丘一面」だ。
>
> （瀬川 2007, p.110）

段丘三面は、和人の探検家らが「平坦清爽《せいそう》」「茫々《ぼうぼう》たる」などと形容した広大な草原が広がっていた。……

段丘三面は、扇状地の扇端にあたっている。そのため湧水池のメムと、そこから流れ出した小川が各所にあって、小川ごとに遡上止めのサケ漁場が設けられていた。アイヌの集落はこの漁場のとなりに設けられた。戸数は平均して二、三戸だが中には十戸を越す集落もあった。

この段丘三面と高さ二メートルほどの崖で隔てられた段丘二面は、「鬱蒼《うっそう》たる」「天を覆う」「千古不鉞《ふえつ》」と形容されるイタヤ・エンジュ・コブシ・ナラなどの老木・巨樹が密生する森林地帯だった。

（瀬川 2007, pp.233-234）

上川アイヌは、この段丘二面に墓地を設けていた。（中略）過去の工事などで偶然発見されたアイヌの墓は、この段丘二面だ。（中略）縄文人の遺跡の分布もこの段丘二面が中心だ。一方、擦文やアイヌの集落があった段丘三面（中略）は、大水の際には容易に冠水した。

段丘二面を取り囲むように、比高差40メートルほどの小高い丘、すなわち段丘一面が見える。（中略）段丘一面と二面には、送りの儀礼をおこなう送り場が各所に設けられた。この送り儀礼とは、使用や食用に供した器物や動植物の魂を神の国へと送り返すものだ。

擦文人とアイヌの日常世界である平坦清爽な草原の景観を「アイヌ・ランドスケープ」、縄文人の世界である異様な鳴き声に包まれた森林地帯の景観を「縄文ランドスケープ」とよぶことにしよう。

（瀬川 2007, pp.234-235）

以上、長々と引用してきましたが、縄文人とアイヌの人々が集落の中で目にしていたであろう景観の違いを、心に描くことができるでしょうか。ところで、このような生活空間の違いは、なぜ生じたのでしょう。慧眼な読者にはもうおわかりだと思いますが、「アイヌ史をふりかえる」の項でもふれたように、それには「交易」が大きく関係しています。これに関して、瀬川は以下のように述べています。

上川アイヌは、サケ漁と丸木舟を核とする川の資源に結びついた、いわば「川の民」だった。上川の擦文社会は、この近世アイヌ社会の原型ともいえるものだった。
これに対して上川の縄文集落は、（中略）擦文や近世の集落とちがって盆地の一円の多様な場所にある。産卵場より上流の地域や、遡上河川から離れた台地上、あるいはサケの遡上しない川筋にも分布しており、サケとのかかわりは希薄だ。
サケ漁自体はおこなっていたにちがいないが、産卵場所に集落を構えてまでサケ漁に特化することはなかったわけだ。縄文文化のサケ漁は、生業上の選択肢のひとつにすぎず、当時は特定の資源に偏らない多様で柔軟な生業体系が存在していたといえそうだ。

また、縄文集落は、丸木舟の航行可能な川から遠く離れており、当時は丸木舟の利用が集落立地の条件とはなっていなかった。擦文や近世の社会を規定したサケ漁と丸木舟の二つは、縄文社会では規定的なものではなかった。

擦文や近世の集落が立地したのは、河岸段丘三面とよばれるもっとも低い段丘面であり、洪水の被害を覚悟でそうした立地に集落を構えていた。これに対して縄文集落は段丘二面や一面にあり、最下の三面に位置する遺跡もいくつかあるものの、それはシカの陥《おと》し穴《あな》猟場だった。つまり上川の縄文人にとって、擦文や近世の集落がある最下の段丘面は、基本的に狩猟・漁撈の空間であり、近代になって入植した和人たちと同様、冠水のおそれがあるため居住適地とは認識していなかったことになる。

縄文の集落のある段丘二面や一面は、巨木が密生する昼なお暗い空間であり、上川の縄文人は森の生態と深くむすびついた「森の民」だった。

（瀬川 2007, pp.245-246）

以上の記述からわかるのは、狩猟漁労採集の目的が「交易」のためのサケ漁に大きくシフトしたことにより、森の中にあって、送り場と墓地と住居が一体となった集落構造をもつ生活空間＝「縄文ランドスケープ」の中で暮らしていた縄文人は、その生活形態を変え、川筋に住居をうつし、「平坦清爽な草原」である「アイヌ・ランドスケープ」の中で暮らすようになったということです。そして、その過程で送り場と墓地が森の中の「縄文ランドスケープ」に残され、日常的な生活の場と分かれることになりました。

ではこのことは、「縄文人の心」にどのような変化をもたらしたでしょうか。ここでは、瀬川が指摘した以下のような点が、縄文人からアイヌ民族へといたる歴史の中で生じた「心」のあり方の変化を考える上で非常に重要です。

アイヌの墓地や祭儀場が「縄文ランドスケープ」の中にあったとすれば、アイヌにとってその景観は、神や死者と重なりあうものとして目に映っていたはずだ。つまり、両者はたかだか高さ数メートルの崖で隔てられていたにすぎないが、縄文人や擦文人、アイヌにとって、目に映るそれぞれの景観は、精神的に異なる意味をもっていたと考えられる。

（瀬川 2007, p.235）

ここで、ふたたび、中川裕がアイヌ民族のコスモロジーを描いた図（図6）を思い出していただきたいと思います。この図を深層心理学の視点から見たときの特徴として、先に私が指摘したのは、第一に「アイヌ民族の心」において、「日常の意識」と「深層の意識」のあいだには壁がないということ、第二に「日常の意識」と「深層の意識」が〝送り〟を介して出会いと別離をくりかえしているということでした。さらに、この図と「アイヌ・ランドスケープ」から見えてくる「アイヌ民族の心」の第三の特徴は、「日常の意識」と「深層の意識」が別の場所として意識されており、それを前提に、出会いと別離をくりかえしているということです。

このことは、「縄文ランドスケープ」とくらべれば、その違いは明らかです。すなわち、「縄文ランドスケープ」の特徴は、送り場と墓地と住居が一体となった集落が、鬱蒼とした森に抱かれている景観でした。そこから想定できる「縄文人の心」の特徴は、「日常の意識」と「深層の意識」との〝距離〟が、「アイヌ民族の心」よりも近いということです。もちろんここでいう〝距離〟とは、イメージの中でのそれであり、両者のあいだに〝壁〟があるのか、〝平坦な道〟でつながっているのかなど、どのようなイメージがあるのかによって、その〝距離〟は違ってくるでしょう。以上を前提として、アイヌ民族における「日常の意識」と「深層の意識」の〝距離〟がどのようにイメージされているか見るために、「カムイモシㇼ」と「ポㇰナモシㇼ」をアイヌの人々がどのように感じていたかふり返ってみたいと思います。アイヌ民族博物館監修の『アイヌ文化の基礎知識』によると、

アイヌの人々は、この世を「アイヌモシㇼ」(人間の世界)と呼びます。どの地方でもアイヌモシㇼといわれることに変わりはありません。しかし、それでは、あの世はどこにあり、何というか、となると地方によって違いが認められます。(中略)あの世がどこに存在するか、という点ではおおまかにふたとおりの意識があるといえるでしょう。ひとつは「地下にある」という考え、もうひとつ

は「天上にある」という考えです。

（アイヌ民族博物館 1993, p.150）

ところで、「地下」・「天上」というあの世の存在空間に違いが認められるにせよ、あの世に行くための入口が必ずあること、またそこを通ってあの世に行った際、その世界の状景や環境は、「地下」でも「天上」でもほとんど変わりがありません。

（アイヌ民族博物館 1993, p.151）

以上からわかるのは、「あの世」が「地下」と「天上」、そのどちらにあると想定されているにせよ、「この世」と「あの世」の状景や環境には違いがなく、そこにいたるためには、「あの世」につながる「入口」をとおって行かねばならないということです。これらのことをふまえて、アイヌ民族にとっての「あの世」のイメージをもう少し具体的につかむために、アイヌ文化研究の第一人者である藤村久和が、その著『アイヌ、神々と生きる人々』であげた一つの例を紹介します。

死んだ人やものの霊は、いずれあの世に行くのだが、あの世への行き方、あの世に行くまでに通るルートというのはそれぞれちがう。送られた霊は、そこからまっすぐに上空をのぼりつめて行くのではなく、必ずある決められた道筋を通って、あの世へ昇天する準備場所のようなところにいったん落ち着く。そこから今度は本当にあの世へと旅立つのである。人間や陸獣、植物、器物などの霊があの世に向かう場合、里に近いどこかの洞窟があの世への入口になるのだと言う。(中略)洞窟を入って行くと、今度は長いトンネルである。なおも進んで行くと、急に道が狭くなり高さも低くなる。その非常に狭苦しいところを通って行くと、やがて向こうにポツンと灯りが見え、先を急ぐとようやくそのトンネルが終わり、新しい世界が目の前に広がる。(中略)そこは、まるでどこかの村のようで、この世と違う情景はまるでないと言う。ここがあの世に旅立つための準備の場所なのである。

(藤村 1995, pp.234-235)

全ての霊は、あの世へ行く前に必ず「そこ(あの世に旅立つための準備の場所)」へ行く。川をさかのぼる魚の場合、やはりそこに通じている川があって、その川を遡上《そじょう》して行く。魚の群れが沿岸に寄って来るというのは、人間に出会うために来るのだが、もう一つはあの世へ行くためにやって来るのである。海を回遊する魚や深海魚、海獣の霊は、海の中のどこかに穴があり、そこを通って行くと、あの世の準備場所とでもいうべきところへ行くことができると言う。また鳥類の霊は、送られた場所から飛び立ってそこへ行く。このように、全ての霊はそこからあの世へと昇天するのである。

こうして、霊は最終目的地であるあの世に着く。（中略）準備場所から昇天するとき、霊はそこにあるいちばん高い山の頂上まで行き、さらに上へ飛び上がり、天空を越えてあの世の山へ行くという。そして、あの世の山を今度は下がって行くと、そこにはこの世と同じような山々があり、川があり、海があって、人々も神々もそこで暮らしている。この世に人の里と神の里があるように、あの世にも人の里と神の里があるのである。あの世もまた、この世と同じような生活環境の場である。

（藤村 1995, pp.239-240）

（藤村 1995, p.239.（　）内は筆者が補足）

この記述以外にも、アイヌの人々が考える「あの世」のイメージには、「深層の意識」の性質を考える上で興味深い点がたくさんあるのですが、関心のある方は藤村の著作に直接あたっていただきたいと思います。ここでは、アイヌの人々にとって「カムイモシㇼ」「ポクナモシㇼ」のある場所が、トンネルを抜けて、さらにその先に存在する場所であることを確認すれば足ります。この位置関係は、アイヌの人々にとって、普段住んでいる集落が川筋の草原にあり、送り場と墓地が森の中にあることと対応しています。さらに、「アイヌモシㇼ」と「あの世」を、それぞれ「日常の意識」「深層の意識」と読みかえれば、このことは、「アイヌ民族の心」における「日常の意識」と「深層の意識」の〝距離〟にも対応しています。アイヌ民族の中での「日常の意識」と「深層の意識」の〝距離〟は、長いトンネルを抜けてたどり着くイメージなのです。これに対して、縄文人は、「日常の意識」と「深層の意識」との〝距離〟に関して、どういうイメージをもっていたのでしょうか。ここからは想像するよりほかありませんが、これに関して小林達雄は、その著『縄文人の文化力』のなかで以下のように述べています。

> そこ（縄文のムラ）は、ときに死者が埋葬される場でもある。廃絶された竪穴住居に遺体を安置したり、ムラのところどころに墓穴を掘って埋葬したりする。縄文ムラは縄文人の日常の舞台として占有されるだけでなく、死者のうごめくところでもあったわけである。いわば、あの世とこの世が重なって同じ場所に同居していたのだ。
>
> つまり、現実世界と死後の世界との境界は定かではなく、渾然一体をなしていたのであり、縄文人の観念が必ずしも異界を別に設けるものではなかったことを物語っている。あるいは死者といえども不帰の人では決してなく、ときには生者の元にやすやすと還ってくることができる、そういう世界観が想像されもする。
>
> （小林 1999, pp.39-41.（ ）内は筆者が補足）

すなわち、現実世界と死後の世界との境界が定かでなかったかどうかはともかく、縄文人にとって「あの世」とは、トンネルを抜けて、さらにその先に存在する場所ではありません。環状集落において墓地が住居域の内側に囲い込まれているような集落構造を考えると、小林が言うように、つねに「この世」と「あの世」のあいだでの魂の交歓が行われているようなイメージの中に、縄文人はいたものと思われます。「日常の意識」と「深層の意識」のあいだに壁はなく、〝送り〟を介して、それらが出会いと別れをくり返すというあり方は、「縄文人の心」と「アイヌ民族の心」で共通だとしても、縄文時代からアイヌ文化期への歴史の流れの中で、「日常の意識」と「深層の意識」のあいだには、一定の〝距離〟がうまれたと想像されるのです。ではその時、「死」をめぐる観念にはどのような変化が生じたのでしょうか。また「日本人」のもつ「死」のイメージと、アイヌ民族のそれには違いがあるのでしょうか。これに関して、瀬川拓郎はその著『アイヌ学入門』において以下のように述べています。

アイヌの葬儀をみると、それはまるで死者のケガレとの戦いです。

（瀬川 2015, p.175）

私たち考古学の研究者からみると、そのような死をめぐるアイヌの態度は、縄文時代のそれと百八十度ちがっていることに驚かされます。

縄文時代の葬制では、死者は忌み遠ざける存在ではありません。環状集落と呼ばれる縄文時代の村は、環のように配置された住居群の内側に墓地があります。村の貝塚に死者が葬られることもありました。

（瀬川 2015, p.176）

ケガレという「排除」の思想とは無縁にみえる縄文的世界観を考える時、アイヌのケガレ祓いの呪術や思想に、私は強い違和感を覚えます。そしてその違和感は、日本からやってきた「外来思想」だったことに由来するのではないか、と思われるのです。

（瀬川 2015, p.192）

ここで瀬川は、私が投げかけた疑問に対して、瀬川なりの答えを述べています。つまり、アイヌ民族の「死」のイメージは、「死」を〝穢れ〟ととらえる「日本人」の「死」のイメージと同じであり、縄文人の「死」のイメージとは断絶したそれを、アイヌ民族は「日本人」から外来思想として受け入れた、ということです。はたしてそうでしょうか。アイヌ民族における「死」の拒絶とみられる習俗の背景には、死を〝穢れ〟とする観念があるのでしょうか。先に述べたように、アイヌ民族の世界観における「あの世」は、「この世」と同じ生活の場であり、決して穢れてはいません。それに対して、「日本人」における「死」の観念の中には、次章でふれる古事記のイザナギ・イザナミ神話にみられるように、「死」を〝穢れ〟として忌避するイメージが確かに存在しています。そして、アイヌ民族の葬送儀礼においても、遺体は壁にあけた穴から外に出し、戻れないようにその穴をふさいだり、死者が自分の身の回りのものを取りに戻らないように、それらの品を副葬するという、一見すると「死」を忌避する習俗があります。このことは、どう説明したらいいのでしょうか。これに関しては、藤村久和がその著『アイヌ、神々と生きる人々』においてアイヌ民族の葬送について述べた、次のような発言が大きな示唆を与えてくれるものと思われます。

あまりいいものを持たせると、それらの品が腐ったりぼろぼろになるまでこの世へ戻ってこれないのだそうである。それで、死者にはあまりいいものを持たすな、腐りやすいものを持たせて、早くこの世に戻ってこさせよう。そういうふうに言う。……

この「早く戻る」ということは、玄関をわからないようにしたり、愛用の品を持たせるなど「戻って来れないようにする」ことと矛盾するように思うかもしれないが、そうではない。「早く戻る」というのは、正規のルートを通って戻ってくることである。死んであの世へ行く。あの世で生活をする。一定の務めを果たしたら、その霊魂はこの世に戻ってきて再生する。前述の妊娠のところで、赤ちゃんは祖先の霊が再生したもので、どの祖先が再生して赤ちゃんになるかは夫婦の祖先神が決めると書いたが、それが正規ルートである。この世でよい行いをした人については、当然祖先神がそれを知っているから優先的にその人をこの世へ戻す。また、この世に残された人も、あんな立派な人の魂なら一日も早く務めを果たして戻ってきてほしいと願う。

それに対して、赤ちゃんとしてではなく、肉体を持たずに魂だけ戻ってくることがある。これが恐ろしいのである。お椀がなくて不自由だからとこの世に取りに戻ってくる。しかし、再生していい、と祖先神に言われてきたのではないから、再びこの世で生活できる当てがない。かといってお椀のないあの世に戻るのもまっぴらだ。こうなると、その霊は当てどなくさまよって人を逆うらみしたり、悪さをする。だからこういうことがないように、迷うことなくあの世にいって、あの世での務めを果たしこの世へ早く戻ってこれるように、と人々は考えているのである。

（藤村 1995, pp.205-206）

ここからわかることは、アイヌ民族の「死」のイメージは、「死」を〝穢れ〟としてとらえる「日本人」の「死」のイメージとはまったく違っており、「死」を恐ろしく感じるのは、〝送り〟にみられる魂の循環から外れた霊が悪さをすることからくる、ということです。「縄文人の心」が「アイヌ民族の心」へと変化するなかで、「あの世」と「この世」のイメージの間での〝距離〟が生じたとしても、そこには、次章で明らかにするように、「死」を〝穢れ〟と感じる「弥生的なもの」と、「死」を〝穢れ〟とはとらえない「縄文的なもの」との間にあるような〝断絶〟はありません。その意味でも、〝送り〟を中核にもつ「アイヌ民族の心」は、「縄文人の心」の延長線上にあると言えるのです。

次章では、イエンゼンが提唱した「プロメテウス型神話」と「ハイヌヴェレ型神話」についてとり上げ、「縄文的なもの」と「弥生的なもの」ついて、さらに深くせまっていきたいと思います。

第3章　「ハイヌヴェレ型神話」と「プロメテウス型神話」

20世紀のドイツを代表する民族学者であるイエンゼンは、東南アジアにおけるフィールドワークと、世界の神話の研究を通じて、世界の農耕起源神話には、二つの対照的な型があることを明らかにしました。そして、その二つに、それぞれ「プロメテウス型神話」「ハイヌヴェレ型神話」と名づけました。「ハイヌヴェレ型神話」については すでにふれましたが、ここでふたたびこの神話をとりあげ、さらに「プロメテウス型神話」について論じるのは、農作物の起源を示すこれらの神話が、もう一つの側面として、「日常の意識」と「深層の意識」の関係を象徴しているからです。さらに重要な事実は、アイヌ民族が「プロメテウス型神話」をもち、「日本人」は「ハイヌヴェレ型神話」と「プロメテウス型神話」の両方をあわせもつということです。それゆえ、これらの神話について検討することによって、「アイヌ民族」と「日本人」における「日常の意識」と「深層の意識」のあり方の違いを浮かび上がらせることができます。もちろんこのことは、現時点では論証を必要とする仮説にとどまります。以下では、この仮説について考えるにあたり、イエンゼン自身による「プロメテウス型神話」の説明に耳をかたむけることから始めたいと思います。

1 「プロメテウス型神話」

イエンゼンは、その著『殺された女神』の中で、「プロメテウス型神話」について以下のように述べています。

> われわれは、アフリカの一つの神話に目を向けたい。その神話はスーダン西部の一部族であるドゴン Dogon 族から由来したもの（中略）である。ドゴン族の個々の家族が由来した種々の祖先の中で、最も重要な人物の一人として、鍛冶屋が卓越している。人間に火をもたらし、かつ農耕や鍛冶やその他の手仕事を教えたのも彼である。つまり彼は、人間が地上で生活するのを可能にしたのだ。彼は火——太陽の破片——を天神の意思に逆らって、天の火事場から盗んで来た。彼はそれを彼の鞴《ふいご》の中に隠し、それを持って地上に逃げて来て、人間に手渡した。二人の《神の息子たち》は激しく怒って、ものすごい雷鳴とともに稲妻を彼に投げつけたが、彼には届かなかった。
>
> （大林他訳 1977, p.16）

これで、プロメーテウス Prometheus についてのギリシア神話を想起しないものはいないであろう。プロメーテウスもまた、ゼウス Zeus が人間に渡すまいとしていた火を奪い取り、それによって雷神の怒りを受けたのである。

（大林他訳 1977, p.16）

われわれは今はドゴン族の神話に立ち戻ることにしよう。プロメーテウス的な盗人は、ここでは天から火を取って来たばかりでなく、同時に――木槌の中に隠して――穀物も持って天降って来た。この《種盗み》ないしは《天における穀物盗み》のモチーフは、新旧両大陸の未開諸民族の神話に広く分布している。それは、アフリカ、インドネシアやアメリカの様々な地域においても証明できるし、しかもその経済形態（犂《れい》をともなわない穀物栽培）においていまなお《新石器的》段階にあるあの未開諸部族の広大な文化層において証明できるのである。

（大林他訳 1977, p.18）

ここにあらわれた神話的モチーフがプロメテウス神話素ですが、イエンゼンはこれを以下のように定式化しています。

穀物の種子は元来天にだけ存在していたもので、天神ないしは天の神々はこれを人間に与えまいとしていたが、ある人（ないしは動物）が、そこから盗み、この貴重な獲物を見つからずに、多くは狡猾に隠して地上にもってくる。

（大林他訳 1977, p.20）

イエンゼンは、プロメテウス神話素のうち、主として穀物起源神話としての側面をとりあげてハイヌヴェレ神話素と比較していますが、イエンゼン自身もふれているように、本来この神話素は、穀物起源にだけとどまるものではありません。火をふくめて、およそ人間が動物と区別されるさまざまものが盗みの対象となっています。ドゴンの神話では農耕のみならず、鍛冶や手仕事の技術も盗みの対象でした。すなわち、人間を動物と区別する文化的な要素が異界から盗みによってもたらされるというプロメテウス型神話は、農耕起源よりも広い射程をもつ神話なのです。ここで、プロメテウス神話素が表現されているアイヌ民族の神話を見てみましょう。それは萱野茂がその著『炎の馬』の中で紹介している「オキクㇽミカムイの伝説」という話です。それを、要約して以下に示します。

神の国（カムイモシㇼ）にオキクㇽミという若くて知恵も力もある神様（カムイ）がいました。アイヌの国（アイヌモシㇼ）が美しいと聞いて、父神にぜひ行かせて欲しいと頼みました。すると父神は、「三つの試練に耐えられなければ、行くことはできない。その試練とは、どんな暑さも我慢し、どんな寒さにも耐え、どんなに面白くても笑ってはならないという試練だ。しかし、まだ三番目の試練まで進んだ神はいない」と言いました。オキクㇽミは何とか二つの試練に耐え、三番目の試練にのぞみましたが、最後の最後にくすっと笑ってしまい、アイヌモシㇼには行けなくなってしまいました。夜になって、アイヌモシㇼに逃げていこうと決意したオキクㇽミは、ヒエを一つまみ、自分のふくらはぎに隠し下界に下りました。下界に降りたオキクㇽミはアイヌにいろいろな生活の仕方を教えました。それは、火の焚き方からはじまって、家の建て方、サケを取る回転銛のマレㇷ゚、弓矢とそれに塗る矢毒の作り方、ヒエで酒を造る方法などです。最後に、柳の木でイナウを削り神を祀る方法を教えると、オキクㇽミはカムイモシㇼに帰ることになりました。その時、自分のいないあいだにアイヌのことを守ってくれるノヤイモシカムイ（五つの心臓をもった強い神）をつくって、アイヌのために残しておきました。このカムイが残っているために、沙流川流域は、いまも病気の神が避けるそうです。

（萱野 1977, pp.181-192 を筆者が要約）

このアイヌ民族の神話は、まさにプロメテウス神話素そのものです。そして、この神話が、これまでくわしく見て来た「アイヌ民族の心」および「縄文人の心」における「日常の意識」と「深層の意識」の関係にぴったり重なる特徴をもつことは、容易に見てとることができます。すなわち、アイヌ民族にとって、カムイはお土産をたずさえてカムイモシㇼから来訪する存在であり、それを客として迎え、歓待して送り返すことは、日々の生活そのものでした。これは、オキクㇽミカムイがカムイモシㇼからアイヌモシㇼに降りてきて、アイヌの人々に生活の知恵を授け、そしてカムイがカムイモシㇼに戻ることとまったく同じであり、両者とも「日常の意識」と「深層の意識」が出会いそして別れる様子を、象徴的に表現しています。つまり、プロメテウス型神話において、農耕起源神話としての側面はそのごく一部であり、むしろ狩猟採集をおもな生業とする人々における「日常の意識」と「深層の意識」の関係、さらには「人間」と「自然」との関係を象徴する神話なのです。

2 「ハイヌヴェレ型神話」

次に、ハイヌヴェレ神話についてふり返ってみましょう。これについては、土偶と石棒の破砕に関する項の中ですでにとり上げました。すなわち、インドネシア・セラム島の女神ハイヌヴェレにちなんでハイヌヴェレ型と名づけられたこの神話にみられるモチーフは「排泄物として貴重品を生み出す神秘的な力を持っていた女神が殺され、その死体から食用作物が発生した」というもので、これがハイヌヴェレ神話素です。この神話素が、「日本の」神話にもそのままのかたちで存在していることはすでにふれました。さらに、ここで確認しておきたい事実は、私の調べたかぎりにおいて、アイヌ民族の神話にこの神話素は存在していないということです。では、ハイヌヴェレ神話素に表現されている「日常の意識」と「深層の意識」の関係とは、いったいどういうものでしょうか。そして、「縄文的なもの」における「日常の意識」と「深層の意識」の関係と、それはどう違うのでしょうか。

ここで思い出していただきたいのは、「縄文的なもの」において、「日常の意識」と「深層の意識」のあいだに壁はなく、お互いの正体を知ったうえで出会いと別れをくり返しているということです。そこにおける「死」は、「衣装（ハヨクペ）を脱ぐ」ようなものとしてとらえられていました。しかし、「弥生的なもの」における「死」は、相手の正体に気づくことをきっかけとして生じる明白な別離です。ここにおける「死」＝「別離」のイメージをつかむために、「日本の」神話における死のイメージを見てみましょう。それは、古事記におけるイザナミの死の物語の中に具体的に表現されています。ここで、イザナミの死をめぐる物語についてご存じない読者のために、哲学者にして古代文化研究家の梅原猛がおこなった「古事記」の現代語訳から、この神話の要約を示します。

国生みの大神である伊耶那岐命《いざなぎのみこと》と伊耶那美命《いざなみのみこと》が、その最後に火之迦具土神《ひのかぐつちのかみ》をお生みになって、伊耶那美命は女陰を焼かれて亡くなられた。伊耶那岐命は、伊耶那美命にもう一度会いたいと思われて、黄泉《よみ》の国に妻を追っていらっしゃった。そして、「国作りはまだ終わっていないので、どうか帰ってくれ」と頼んだ。伊耶那美命が答えて言うには「私はもう黄泉の国のものを食べてしまったから帰れません。でもせっかく来て下さったのだから、黄泉の国を支配する神と談判いたします。でもどうかわたしの姿を見ないでください」とのことであった。伊耶那岐命は見ないことを約束したが、待ちかねた末に約束をやぶり、自分の櫛の歯を一つ折って火をつけた。そこで見えたのは、腐って蛆が集まり、体中から雷の神々が生まれ出ようとしている妻の姿であった。それを見た伊耶那岐命は、恐ろしくなって逃げ出したが、気づいた伊耶那美命は「私に恥をかかせたわね」と怒り、逃げる夫のあとを追った。黄泉の国とこの世を分ける坂まで逃げた伊耶那岐命は、そこに大岩を置き、この世とあの世を分けた。

（梅原 2001, pp.12-16 を筆者が要約）

このあと、イザナギが川で洗い流した黄泉の国の穢れから、アマテラス、ツクヨミ、スサノオの三貴神をふくめたさまざまな神がうまれた話に続くのですが、それはともかく、ここにあらわれた「死」＝「別離」のイメージは、「縄文的なもの」のそれとは、まったく対照的です。つまり、当初「弥生的なもの」における「あの世」も、「縄文的なもの」と同じく、「この世」とは切れてはいません。それは、イザナギがそのまま邪魔されることなく黄泉の国にいたったことに表現されています。しかし、イザナギがイザナミの〝正体〟に気づくことによって明確な別離が生じ、いったん別れたあとには、「縄文的なもの」における「あの世」とは違い、「この世」と「あの世」のあいだには岩が置かれ、やすやすとゆき来できる場所ではなくなってしまいます。

これは、そのまま「日常の意識」と「深層の意識」との関係にもあてはまります。すなわち、「弥生的なもの」における「日常の意識」と「深層の意識」の関係は、「西洋人の心」におけるそれらのように完全に切れてはいません。それゆえ「日常の意識」は、何かに邪魔されることなく出会うことができます。しかし同時に、「縄文的なもの」におけるそれのように、「日常の意識」と「深層の意識」と「深層の意識」は、お互いの正体を自覚しながら、日々〝送り〟を介して交流しているわけではありません。何より「深層の意識」に属するものであることに気づけば、それは〝穢れ〟として忌避される対象ですらあるのです。「日本の」神話におけるハイヌヴェレ神話素においても、オホゲツヒメと保食神《うけもちのかみ》は、生み出した価値あるものが実は排泄物＝〝汚いもの〟であると気づかれることによって殺されねばなりませんでした。ここにもあらわれた「相手の正体に気づけば、きびしい別れが生じる」という「弥生的なもの」における「日常の意識」と「深層の意識」の関係は、本書をつらぬくテーマとして、本書の後半で再びくわしく取り上げることになります。

3 「日本の」神話における「プロメテウス神話素」

ところで、これまでのところでは、「縄文的なもの」における「日常の意識」と「深層の意識」

の関係がプロメテウス神話素と深い関係をもつことを示しました。また、ハイヌヴェレ神話素の分析をとおして「弥生的なもの」における「日常の意識」と「深層の意識」の関係を明らかにしようと試みました。ここで、次に問題となるのは、「『日本人』の心は『縄文的なもの』と『弥生的なもの』による重層構造をもつ」という本書の問題意識に照らしてみると、「日本の」神話の中に、はたして「縄文的なもの」の特徴をもった神話的モチーフをみいだすことができるのか、ということです。それが見いだされれば、「日本人」の心の中には、「弥生的なもの」のみならず、「縄文的なもの」も存在していることを示す一つの根拠となるでしょう。ここで、結論を先取りして言えば、「日本の」神話におけるオオクニヌシの死をめぐる物語の中に、「縄文的なもの」の姿を見ることができます。ところで、読者の方々は、古事記におけるオオクニヌシの物語をご存じでしょうか。知らない読者のために、再び梅原猛の現代語訳からその要約を示します。

大穴牟遅神《おおあなむちのかみ》（のちの大国主神《おおくにぬしのかみ》）は、兄神たちから逃れて須佐之男命《すさのおのみこと》がいる根之堅州国《ねのかたすくに》（諸説あるが黄泉の国と考えられている）に行った。そこで、須佐之男命の娘の須勢理毘売《すせりびめ》と恋仲になった。しかし、須佐之男命は大穴牟遅神にたいして、蛇の室、蜈蚣《むかで》と蜂の室に入れるなどの試練を課した。最後に、矢を広い野原に射て、大穴牟遅神にその矢を探させ、まわりから火をかけた。鼠《ねずみ》の助けで火を逃れ、無事に矢を見つけ出すことができた大穴牟遅神は、須佐之男命から太刀と弓矢と玉飾りのある琴を盗み、須勢理毘売をともなって逃げた。大穴牟遅神と須勢理毘売を追って、黄泉の国と葦原中国《あしはらのなかつくに》（この世）とを隔てている坂まできた須佐之男命は、最後に大穴牟遅神にむかって「葦原中国《あしはらのなかつくに》を支配する大国主神《おおくにぬしのかみ》となれ」と祝いの言葉をかけた。

（梅原 2001, pp.40-44 を筆者が要約）

この神話に描かれた黄泉の国を見てください。その場所は、穢れてもおらず、その入口が岩でふさがれてもいません。さらに、オオクニヌシはそこに至り、みずからがこの世を統治するのに欠かせない道具である太刀と弓矢と琴を「盗んで」この世にもたらします。ここにあらわれたモチーフは、オオクニヌシが試練をへて宝を盗んだ場所が天ではなく黄泉の国であったという興味深い違いはあるものの、プロメテウス型神話と同じ骨格を持っています。つまり、「日本の」神話にはハイヌヴェレ神話素はもちろん、プロメテウス神話素と同様の構造をもつ神話があり、このことは、「日本の」神話の中に、「弥生的なもの」のみならず「縄文的なもの」も同時に存在していることを示しているものと思われます。そこには「あの世」をどう受けとめるかに関して、まったく逆の態度をもつ神話が存在していますが、ここにこそ、「日本人」の「死」をめぐる態度における〝矛盾〟を作り出している神話上の根拠があります。このことは、現在もなお、お盆に先祖を迎える習慣をもちながら、同時に「死」を穢れとして、葬儀のあとに塩で浄める習俗が存在していることなどにも、そのあらわれを見ることができます。すなわち、「日本人」の心において、「縄文的なもの」と「弥生的なもの」は、緊張をはらみながら同時に存在しているのです。

この章では、「プロメテウス型神話」と「ハイヌヴェレ型神話」の分析をとおして、「縄文的なもの」と「弥生的なもの」とはいかなるものかについて見てきました。次章では、「縄文人の心」と「『日本人』の心」について、考古学の成果を参考にしつつ見てゆきたいと思います。

第4章　「縄文人の心」と「『日本人』の心」

ここまで、「アイヌ民族の心」をとおして、「縄文人の心」がいかなるあり方をしていたのか見てきました。また「プロメテウス型神話」と「ハイヌヴェレ型神話」を見ることで、「縄文的なもの」と「弥生的なもの」における「日常の意識」と「深層の意識」の関係を浮かび上がらせようと試みました。本章では、「縄文人の心」が、水稲稲作を生業の中心とした「弥生文化」を受け入れることによってどのように変化し、「日本人」の心が形成されていったのかを見てゆこうと思います。

1　縄文人は弥生文化をいかに受け入れたのか

これまでも繰り返し述べてきたように、日本列島全体に広がっていた縄文人の世界に大陸から水稲稲作がもたらされ、それが九州北部から四国へ、そして本州の南から北へと広がっていくにしたがって、日本列島における縄文文化は、徐々に弥生文化へと取ってかわられるようになりました。ではその過程で、縄文人の世界は、どのように渡来系弥生人を受け入れたのでしょうか。考古学者の寺沢薫が、その著『日本の歴史02　王権誕生』において明らかにした受容のありさまは、以下のようなものでした。

初期の渡来人の足跡をみると、渡来人とすでにいた縄文人との関係もなんとなくわかってくる。両者の関係はいたって平和共存的だったと言ってよいだろう。たしかに、初めて縄文人が渡来人のボートピープルに遭遇した時、両者冷静でいられたかは大いに疑問だけれど、渡来人と縄文人の激しい戦闘を物語る資料はまったくないのだ。

西日本の縄文晩期後半の突帯文土器を出土する遺跡（縄文系）と、朝鮮系無文土器や初期の遠賀川系土器を出土する遺跡（弥生系）をみると、まったく棲み分けしている場合、圧倒的に多量の縄文系に少量の弥生系がともなう遺跡、圧倒的に多量の弥生系に少量の縄文系がともなう遺跡が地域のなかで共存していることが多い。渡来人や渡来系の弥生人は、じつに巧妙に西日本の縄文社会へ入り込んでいったのだ。（中略）こうして、渡来系の弥生人は次第に縄文人のムラにも入り込み、縄文人はしだいに弥生人へと同化していったのである。

ところが、水田稲作の要素や遠賀川系土器の伝播が寸断された伊勢湾東岸以東は違う。濃尾平野では縄文系の条痕文土器《じょうこんもん》を使う遺跡の棲み分け状態が明瞭だ。縄文時代では数少ない殺傷人骨が平野東端の渥美半島に集中することや、大型の石鏃がこの時期異常に現れることも、渡来系弥生人との軋轢が生じた証拠だと私は思っている。（中略）以後、日本列島の西と東は社会経済的にも大きな差を生み始めたのである。

（寺沢 2008, pp.54-55）

言うまでもありませんが、ここでもっとも大切なのは、渡来系弥生人が、縄文社会を〝征服〟することによって弥生文化を広げたわけではないということです。当初、縄文社会による弥生文化の受け入れは、浸透による同化といってよいものでした。しかし、同時にそこには、東日本における縄文人の抵抗という事実も存在しています。これに関しては、さまざまな角度からの説明がありえますが、心理学的にみると、「弥生的なもの」を受け入れるにあたって、縄文人の側に、両価的な感情をいだく理由があったのではないかと思われます。すなわち、弥生文化が縄文社会にもたらした「弥生的なもの」の中に、「縄文人の心」と共通するものと同時に矛盾するものがあり、それが、弥生文化に対する縄文人の両価的態度の原因ではないかと思われるのです。では、弥生文化が縄文社会にもたらしたものとは、いったいどのようなものだったのでしょうか。

考古学者の石川日出志は、その著『農耕社会の成立』において、弥生時代になって初めてあらわれたものについて、次の六つの事象をあげています。それは、①灌漑稲作、②環濠集落、③

集団間の争い、④金属器（青銅器と鉄器）、⑤社会的階層の顕在化、そして⑥政治的社会への傾斜の六つです。これらの項目を見ますと、豊かな狩猟漁労採集文化を花開かせながら生活していた縄文人の社会に、何が新たに持ち込まれたのかが見えてきます。次の作業は、それらのもつ心理学的な意味を読み解いて、「縄文人の心」にもたらされた「弥生的なもの」が、いかなるものであったか浮かび上がらせることです。そのために、上記の事象から灌漑稲作と環濠集落に焦点をあて、それらがもつ心理的な意味について考えてみたいと思います。

2　灌漑稲作がもつ意味

それまで、狩猟・漁労・採集をおもな生業としていた縄文人の社会にとって、灌漑稲作の受容は文字通り「革命的な」出来事でした。その社会経済的な意味については、考古学および歴史学の中心的な問題意識として、今まで多くの人々によって論じられてきました。しかし、本項で明らかにしたいのは、それが「縄文人の心」にどのような変化をもたらしたかということです。ここでは、その問題を論じるにあたって、灌漑稲作という生業が、狩猟・漁撈・採集とはいったいどのように違うのかをみていくところから始めたいと思います。小林達雄が、その著『縄文の文化力』において明らかにしたように、縄文時代の生業である狩猟・漁撈・採集は、以下のような特徴をもっていました。

縄文時代の生業は狩猟と漁撈、採集の三本柱からなる。弥生時代の農耕経済とは対照的である。換言すれば、自然の恵みを享受する縄文経済に対して、自然を積極的に加工する弥生経済とのはっきりとした差異といえる。

狩猟・漁撈・採集は、四五〇万年以上にもわたる長い人類史の基本であったが、これは二段階が区別される。第一段階は、空腹になったら食べ、満腹になったら休むというものである。（中略）第二段階は、食料確保が計画的となり、その場しのぎの空腹を満たすためだけでなく、種類によっては大量に獲得して、これを貯蔵したりしながら長期的な食料事情の安定が図られるのである。（中略）

縄文時代が相当規模の定着的な集落を維持しえたのは、まさに狩猟・漁撈・採集経済の第二段階にあり、食料事情の計画性を背景としたからである。縄文時代の貝塚や洞窟、湿地の遺跡で発見される食料を数えあげてゆくと、哺乳類60種以上、貝類３５０種以上、魚類70種以上、鳥類35種以上、植物性食料は55種以上にのぼる。（中略）なによりも多岐にわたる多種多様な利用が注目されねばならない。

縄文時代の生業の特色は、この多種多様な食料の利用にこそあるのである。そしてここに次のような二つの意味を知る。

まず第一に、多種多様な種類を食料としたことは、食料事情の盤石の安定性を保障してくれた。

少数の種類に限定しないことで、季節の変化につれてつねにそれなりの自然の恵みにあずかることができたのであった。（中略）

多種多様な利用とは、少数に偏しない、集中しないということである。この縄文人の自然との関係が、おのずから自然の生態学的安定につながるものであった。これが第二の意義である。

（小林 1999, pp.118-120）

ここから見えてくる縄文時代の生業の特徴は、多種多様な恵みを自然からいただくという姿勢です。このことは、自然を「積極的に加工する」という姿勢をもつ弥生文化との決定的な違いとなっています。結論を先取りして言えば、この自然に対する姿勢の違いこそ、「縄文的なもの」と「弥生的なもの」の違いを生み出し、ひいては両者の「矛盾」を作り出している源なのです。このことはのちに論ずるとして、弥生時代の生業である灌漑稲作の特徴について、ひきつづき小林の説明に耳をかたむけてみましょう。

これに対して弥生時代の農耕は、縄文時代における多種多様な食料資源の利用とは正反対の方針にのっとるものであった。つまり、弥生農業はコメをはじめとする少数の栽培種に時間も人手も集中して、収量の確保に努めるのである。春に種籾をまいてから水配り・除草と、収穫まで息つく暇もない仕事が続けられる。他の山野草類の採集や狩猟・漁撈に時間を割くことなど、とうていできない相談である。米作りを中心とする栽培作物へますます傾注するのである。

（小林 1999, p.121）

農耕の進捗は、つねに多種多様な食料資源と縁切りさせるばかりでなく、むしろ農作物以外は、邪魔な雑草として排除すべきものとみなす考えを育てた。つまり、人工化した栽培種と、これの生育を妨げるその他絶対多数の自然種という、対立の図式が成立してゆくのである。自然を征服するという新しい思想へと通ずるものであり、自然との共生の終焉を意味する。

縄文から弥生への転換は、こうした人類史上の重大な画期でもあった。

（小林 1999, p.122）

弥生的な農耕の進捗が「自然との共生の終焉を意味する」かどうかは別として、ここにおいて小林が描きだした弥生農耕の姿には、「弥生的なもの」の特徴がはっきりとあらわれています。灌漑稲作においては、積極的に自然環境へと働きかけ、土木工事により水田を切り開き、それを維持することが前提となります。弥生農耕における自然は、そこに存在するだけで豊かな恵みをもたらす「母なる自然」ではありません。それに働きかけ、「積極的に加工」し、ときには切り刻む「対象」となる自然なのです。

ここで、先にふれた「ハイヌヴェレ型神話」について思い出していただきたいと思います。それは、「女神が殺されて、その身体から有用な農作物が再生する」という神話でした。そして、その神話は「古事記」「日本書紀」の中にもあり、そこでは、スサノオノミコトと月夜見尊《つくよみのみこと》によって殺されたオホゲツヒメと保食神《うけもちのかみ》の遺体から、稲などの農作物が生まれたとされています。さらに言うと、オホゲツヒメと保食神は、殺される前に、鼻や口や肛門から「自然のままで」、すでに豊かな食料を生み出していました。それにもかかわらず、稲をはじめとした五穀がうまれるために、女神たちは殺されねばなりませんでした。ここまで述べてくれば、オホゲツヒメと保食神《うけもちのかみ》は、灌漑稲作における「自然」を象徴していることが浮かび上がってきます。すなわち「ハイヌヴェレ型神話」は、「弥生的なもの」における「自然」と「人間」の関係も象徴しているのです。

　ここで思い出していただきたいのは、「アイヌ民族の心」において「カムイ」とはどのような存在であり、それをアイヌの人々がどのように受けとめていたのかということです。アイヌの人々にとって、すべての生きとし生けるもののみならず、自然現象や器物にさえも魂がやどります。そして、そのようなさまざまなカムイとの〝交流〟こそが、日々の生活そのものでした。自然からの恵みをいただいて、多種多様な動物や植物を食料にするという狩猟・採集の生活は、このような「心」に支えられていました。そこには、自然を「切り刻んで」そこから何かを収穫するという発想はないし、ましてや、稲以外の植物を排除することもありません。ここにも、「縄文的なもの」と「弥生的なもの」の違いがはっきりとあらわれています。

3　「縄文ランドスケープ」と「弥生ランドスケープ」

この項では、「縄文ランドスケープ」から「弥生ランドスケープ」への変化と、そこにあらわれた世界観の変遷について見ていきますが、まず最初に、第2章で明らかにした「縄文ランドスケープ」について思い出していただきたいと思います。その特徴は、送り場と墓地と住居が一体となった集落が、鬱蒼とした森に抱かれている景観でした。そのような「縄文ランドスケープ」が、どのようにして「弥生ランドスケープ」へと変化したのか、考古学者の藤尾慎一郎がその著『縄文論争』において明らかにした、九州北岸地域の例を見てゆきます。

前5世紀頃、九州北岸地域の在来人の一部が、渡来系の人びととともに、突然水田稲作を生活の基本とする生活に転換した。それもそれまであまり利用されることがなかった平野下流域にムラをつくり、水田を拓いたのである。道具も木製農具、それを作る大陸系磨製石器、鉄の斧、機能別に分化して農耕生活用に適した土器が出現するなど、新しい生活の道具に一新される。

もともと平野下流域には沖積平野が広がっていたのだが、それは在来の縄文人たちにとってはそれほど魅力のある場所ではなかった。縄文後期の低温化と海退現象によって、海岸線は沖にさがっていた。折からの冷涼多雨の気候は、平野の沖積化と脱塩を促進し、水稲可耕地への条件を150

0年ほどかけて整えつつあった。縄文人の本拠地はそんな不安定な場所ではなく、平野上・中流域の豊かな森を背後にひかえた台地上であった。しかし、水田を作る可耕地としては、この下流域の沖積地ほど最適な場所はなかった。

（藤尾 2002, pp.150-152）

以上をまとめると、河川の上・中流域の森を背景にした縄文時代の集落は、弥生時代に移行すると、下流のひらけた沖積平野にその場所を移したということです。ではそこに展開した「弥生ランドスケープ」とはどのようなものだったのでしょうか。ここで登場するのが、弥生時代の指標である環濠集落（環壕集落ともいう）です。石川日出志が、その著『農耕社会の成立』でおこなった解説によると、環濠集落とは、居住区の周囲に濠《ほり》をめぐらした集落のことです。そして、その環濠の持つ意味とは、石川によると以下のようなものでした。

弥生時代の環濠は、いくつもの役割・機能を果したが、とくに①防御、②区画、③象徴、④結束の四点が重要である。まず①については、環濠は、幅や深さが数メートルにおよぶ例が多く、土塁も併設されているので、外部の攻撃からムラの生命・財産を守る防御施設であったと考えられる。西日本で環濠が数条めぐる例があるのも防御機能を高める措置である。②の区画とは、環濠が居住域と墓域を区分し、またムラの内部と外部を分ける役割である。集落内の一部だけを環濠で囲む場合は、集落内や集落構成員を区分する施設となる。③象徴とは、一地域内でも中核的な集落に環濠をめぐらすように、環濠はそれを設けた集落の社会的役割を象徴的に示す側面をもっている。④の結束とは、こうした防御・区画・象徴といった役割をになう環濠を共同で掘削することによって、集落構成員の内面的な結束が図られることを指す。

（石川 2010, pp.92-93）

ここまで見てくると、「弥生ランドスケープ」のつくりだす景観が、具体的に浮かび上がってきます。すなわち、ひらけた平野に水田が広がり、その中に環濠にかこまれた集落が存在します。そして、墓域は、環濠によって区分され、集落の外に置かれています。このような景観が「弥生ランドスケープ」なのです。ここで「縄文ランドスケープ」との違いをあげてみると、周囲がひらけた平野であること、集落内部の空間は環濠によって外とはっきり区別されていること、そして墓が環濠の外に置かれていることです。ではこのことは何を意味しているのでしょうか。考古学の立場からの説明は、上記の石川の簡潔にして要をえたまとめにつきています。しかし、本書の主題との関係で大切なのは、この景観のもつ心理学的な意味なのです。

ここで、前章で明らかにした「弥生的なもの」における「日常の意識」と「深層の意識」との関係を思い出していただきたいと思います。そこにおいて、私は、以下のように述べました。すなわち、「弥生的なもの」における「日常の意識」と「深層の意識」の関係は、「西洋人の心」におけるそれのように完全に切れてはいません。それゆえ、「日常の意識」と「深層の意識」は、何かに邪魔されることなく出会うことができます。しかし同時に、そこにおいて「日常の意識」と「深層の意識」は、お互いの正体を自覚しながら、日々〝送り〟を介して交流しているわけではありません。「弥生的なもの」において「深層の意識」の領域は、穢れた場所として忌避されるところでもあります。そして何より、「弥生的なもの」における「日常の意識」と「深層の意識」の関係は、「相手の正体に気づけば、きびしい別れが生じる」という特徴をもっています。

このことは、「弥生ランドスケープ」における上記の性質と、響き合ってはいないでしょうか。すなわち、縄文時代の集落が森の中にあったのとはことなって、弥生時代の集落は周囲がひらけた平野の中にあります。そして集落内部を「日常の意識」とみれば、それはその外側に位置する「深層の意識」と環濠でしっかり区別されています。環濠によってつくられたその境界は、外と内を明確に分けてはいますが、そこに〝壁〟は存在せず、集落の中から自由に外を見ることができます。また、穢れに直接かかわる墓地は、「日常の意識」の領域である環濠の内部とは、明確に分けられた場所に存在しています。以上からわかるのは、「弥生ランドスケープ」とは、本書でこれまで明らかにしてきた「弥生的なもの」を象徴的に表現しているということです。

次章からは、いよいよ「昔話」の分析に入ってゆきますが、その前に少し視野を広げて、アイヌ民族の物語世界をみることから始めたいと思います。

第5章　アイヌ民族の物語世界

アイヌ民族は、近世にいたるまで文字を用いず、口承によって物語を語り継いできました。その豊かな世界を何とよぶかに関して、金田一京助のアイヌ研究における第一の弟子である久保寺逸彦は、その著『アイヌの文学』の中で「アイヌ文学」という言葉をもちいました。広大なアイヌ民族の物語世界を概観するために、久保寺は一書を必要としたわけですが、その全体像に関しては同書に直接あたっていただきたいと思います。ここでは、アイヌ文学のうち「神謡」「散文説話」をとりあげて、それがいかなるものであるかを述べ、アイヌ民族の物語世界の特徴を明らかにしようと思います。

1 「神謡」と「散文説話」

ここで、「神謡」と「散文説話」をとりあげるのは、それが通常「昔話」と呼ばれているものと対応するからです。先にとりあげた『アイヌの昔話』においても、編者の稲田は、「神謡」と「散文説話」をあわせて、とりわけ区別することなく「昔話」としてとりあつかっています。

アイヌ語研究の第一人者である中川裕が『語り合うことばの力――カムイたちと生きる世界』において明らかにしたところによれば、神謡はメロディに乗せて、四～五音節でまとめられた詞句を綴っていく韻文の物語です。韻文とは、日本語でいえば七五調の詩や五七五七七で歌われる短歌を思い浮かべていただければいいのですが、アイヌ語における韻文は、日本語とちがい、一行が四～五音節である句を連ねて語られていきます。このような韻文形式で語られる神謡に関して、まず最初にとりあげるべきもっとも重要な特徴は、常に「私」の語りとして話が進んでいくということです。すなわち、神謡は、原則的にはカムイが自分の体験談を物語るという形で進んでいく韻文の物語なのです。

ところで、神謡や散文説話をふくめたアイヌ民族の物語が「第一人称説述体」で語られるということは、アイヌ学の祖と言われる金田一京助からはじまって、その弟子である久保寺逸彦、知里真志保にうけつがれ、現在までの通説となっています。また、稲田浩二は、先にとりあげた

『アイヌの昔話』の解説において、アイヌ民族の昔話が一人称で語られるという特徴をもつことも、それが縄文以来の古態をのこしている根拠のひとつとしてあげました。しかし、この通説をめぐっては中川裕からの異論があり、重要な論点をふくむため、次節にて、あらためて論じることにします。

つぎに、神謡の二つ目の特徴は、神謡が実際に語られるときには、一つひとつの神謡を特徴づけるサケヘ（折り節や折返しと訳される）をつけて語られることです。サケヘは、おのおのの神謡で違っているため、神謡の数だけサケヘも存在することになります。知里幸恵の名著『アイヌ神謡集』の神謡のうち、六番目の「小狼の神が自ら歌った謡」が実際にどのように語られたかについて、中川が、その著『アイヌの物語世界』においてとりあげた具体例があるので、以下にそれを示します。これはホテナオというサケヘとともに語られた話です。

ホテナオ　シネアントタ　　　ある日に
ホテナオ　ニシムアシ　クス　　　退屈なので
ホテナオ　ピシタ　サパシ　　　浜辺へ出て
ホテナオ　シノシアシ　コロ　　　遊んで
ホテナオ　オカヤシ　アワ　　　いたら……
ホテナオ　……

（中川 1997, p.22）

このように、神謡は、繰り返すサケへとともに、四～五音節でまとめられた詞句を連ねて語られていきます。

では、サケへは何を意味しているのでしょうか。サケへが実際に表すものは様々なのですが、中川によれば、サケへというのは、その神謡の主人公が何者かということを示すのが基本的な機能だということになります。つまり、サケへというのは、カムイのテーマソングのようなものと考えられるのです。それゆえ神謡とは、カムイが名乗りを上げ、自分が何者であるかを知らせながら、自分の体験したことを語る物語であると言えます。

ここで、神謡のこのようなあり方は、深層心理学的にみて何を意味しているのでしょうか。これに関しては、『アイヌの物語世界』における中川裕の次の発言が、おおきな示唆に富んでいます。

神謡というのはカムイの目から世界を描く物語である。視点はカニだとか、キツネやクマ、あるいは火や雷のほうにおかれ、人間はそこから客観的に描かれる。それを聞いて育つ子供たちはいつしか自分たちもカムイの立場に立って、カムイの目を通してこの世界や人間を見ることになったのだろう。

（中川 1997, p.32）

中川のこの発言が意味しているのは、一つには、神謡を語りそして聞くという体験において、主体ないしは視点が、「人間＝日常の意識」の側にあるのではなく、「カムイ＝深層の意識」の側に移動しているということです。二つ目には、アイヌの子供たちが神謡をききながら育つことは、おのずと「深層の意識」の側から「日常の意識」をみる訓練になっているということです。これは、一種の「内省」の体験ですが、通常「内省」という言葉で想定される「自我意識がみずからの内面を振り返る」のとはちがい、より深くみずからをふりかえる体験であったと思われます。

つぎに散文説話についてですが、中川裕によれば、神謡がカムイ＝自然の視点から世界を見た物語であるとするならば、人間の散文説話はそれをまったく裏返しにしたものだと言うことができます。つまり、人間の視点から世界を見た物語ということであり、神謡のように韻文で語られることはなく、サケへも持ちません。すなわち、散文説話は、人間およびカムイの主人公がみずからの体験について語る散文の物語なのです。このように、神謡とは対照的な形式をもつ散文説話ですが、「常に『私』の語りとして話が進んでいく」という点では神謡と同じであり、これが散文説話においても重要な特徴となっています。

このように、アイヌ民族の昔話の多くは、カムイの一人称の視点から世界をみる神謡と、人間ないしカムイの一人称の視点から世界との関係を語る散文説話によって構成されています。このことは、深層心理学の立場からみて何を意味しているのでしょうか。

まず最初にいえるのは、神謡と散文説話にあらわれたアイヌの人々の意識において、主体や視点が非常に明確に意識されているということです。そもそもアイヌ語において、「私」はク、ア、チという三種類の人称接辞によって示されますが、これらは、中川も言うように、日本語の「私」と違って、前後の文脈でわかるからと言って省略はできないことになっています。ここからもわかるとおり、アイヌ語そのものが、主体や視点をはっきりと示すことをもとめる言葉なのですが、つねに「私」の語りとして話がすすんでいく神謡や散文説話において、それは、とりわけ明確に意識されているのです。

次に言えることは、神謡と散文説話にあらわれたアイヌの人々の意識において、主体や視点は、「日常の意識」と「深層の意識」とのあいだを自由に移動しているということです。そのあり方は、それぞれの意識の側からお互いを見ることを可能にしています。このことは、アイヌの人々の意識が、さまざまなレベルの「現実」を、「日常の意識」や「深層の意識」の視点から多面的にとらえているということを示しており、それは、主体や視点が自我意識に固定されがちな近代的な意識とは、そうとう異なるあり方をしているのです。

ここで、アイヌの人々が、物語世界における「現実」をどのようにとらえていたのかに関して、中川裕がその著『アイヌの物語世界』においてとても示唆に富む発言をしているので、少し横道にそれますが、それについてふれてみたいと思います。少々長くなりますが、当該部分を引用して以下に示します。

アイヌの散文説話は、かつてある村に実在していた人々が、自分の実際の体験談を子孫に語り伝えたものとして信じられていたという点で、（日本の昔話とは）本質的に異なる。（中略）したがってそれが作り話と意識されていたのでは意味がない。たとえわれわれの目には荒唐無稽としてしか映らないようなことであっても、語り手の口からは、疑いのない事実として語られるのである。

実際、アイヌの年寄りたちには、われわれの見えないものが見えていたのだとしか思えない。たとえば、私のアイヌ語の先生であった木村きみさんは、ある日私が何の連絡もせずにぶらっとたずねていったとき、「あんたが来ると思って待っていたよ」といって、私を驚かせたことがあった。カラスが川下のほうを向いてしきりに鳴いていたので、珍しい客が来るなと思って待っていたのだというのである。たんなる偶然の一致といってしまえばそれまでかもしれないが、私たちがきみさんに学ばなければならないのは、身の回りのあらゆることからメッセージを読み取ろうとする、その世界観と感受性である。われわれには、ただカラスがギャーギャー騒いでいるとしか思われない状況でも、きみさんはカラスの様子が普段と違うということを敏感に察知する。そしてそれまでの経験に照し合せて、それは来客を告げているのだと解釈するのである。それは彼女にとっては、誰かが電話をかけて「これから行くよ」と言ってきたぐらい、確実なことなのである。

すぐれた画家は、われわれが何気なく見過ごしている日常に、思いもよらぬ色や形を見てとっている。すぐれた音楽家はわれわれの耳には同じとしか聞こえないような音に、微妙な違いを察知する。自然現象や動物たち植物たちの一挙一動に対して、すべて自分たちの生活に直結したものとして、常に注意を傾けていたかつてのアイヌ人《〔ママ〕》は、現代のわれわれには気づくこともできないような、さまざまなメッセージをそこから受けとっていたのに違いない。

もうひとつ、散文説話に描かれる「事実」というものを理解するてがかりになることがある。それはアイヌの古老たちにとって、「夢」というものは「事実」と対立する概念ではないということである。われわれにとって、「それは夢だ」とか「夢みたいな話だ」というのは、「事実ではない」という意味に等しい。しかし、アイヌの古老たちにとっては、夢で得られた体験というのは現実の体験とまったく同じ価値を持っているのである。……

「夢なのだから実際に起ったことではない」という意味ではない。夢で見たことだからこそ、本当に起ったことなのである。……

つまり、散文説話に描かれる出来事は、われわれにとっては日常から切り離された、不思議な世界の話としてしか受け止められないのであるが、語り手であるアイヌの古老にとっては、日常の延長にある話なのであり、私たちが新聞やテレビで目にしたニュースを語り合うのと、本質的には変わりがないのである。

（中川 1997, pp.82-86. なお引用文中の（　）内は筆者が補足）

以上、長々と引用してきましたが、ここには、さまざまなレベルの「現実」を、等しくリアルなものとして大切にしながら生きるというアイヌの人々のあり方が、生き生きと描かれています。そして、このようなあり方は、日常の「現実」を象徴的に読み解き、夢を深層のレベルでの「現実」ととらえて大切にあつかうユング心理学的な見方と、驚くほど響きあっているのです。

2 「第一人称説述体」のもつ意味

前節では、「アイヌ民族の物語世界」を分析することにより、アイヌの人々が「主体」および「現実」をどのようにとらえているかみてきました。それらをふまえ、次に、「アイヌ文学は第一人称説述体によって語られる」という命題について、中川によるさらに詳細な分析をとりあげ、より深くアイヌの人々の意識のあり方に迫っていきたいと思います。

ここで、同じ一人称といっても、神謡や散文説話で語られる一人称を示す言葉は、じつは、日常の会話でもちいられるものと同じではありません。日常会話では、人称接辞としてのクをもちい、神謡ではチまたはアを、散文説話ではアをもちいています。この違いについて中川は、アイヌの「ものがたり」の特質は、常に「私」の語りとして話が進んでいくということにあるということを認めたうえで、次のように説明しました。

中川によると、聞き手を前にして実際に話を語る人物を「語り手」と呼び、話の中でそこに視点がおかれ、その目を通じて話が進められていく登場人物を「叙述者」と呼ぶことにすると、アイヌの「ものがたり」は、基本的に語り手とは別の人格を与えられた叙述者によって話が進められるものだと言うことができます。そして、中川は、日本語の一人称小説の場合、叙述者の「私」と書き手の「私」を、同じ「私」で表現することは可能だが、アイヌ文学ではその両者を同じ「私」で表すことはしないと指摘した上で、アイヌ語における第一人称接辞であるアとクの使用法をさまざまな角度から分析しました。その分析をとおして、神謡や散文説話で語られる一人称を示す言葉が、日常の会話でもちいられるものとちがう理由を、クが「語り手の人称」であるのに対して、アは「叙述者の人称」ということになると結論づけたのです。分析の詳細は、中川の著『語り合うことばの力――カムイたちと生きる世界』と『アイヌの物語世界』に直接あたっていただくとして、この結論は、深層心理学的にみて何を意味しているのでしょうか。

先に私は、神謡と散文説話にあらわれたアイヌの人々の意識において、主体あるいは視点が「日常の意識」と「深層の意識」とのあいだを自由に移動していると述べました。それは、カムイである「私」の側から人間世界＝アイヌモシㇼを見たり、アイヌである「私」の側からカムイとつきあったりすることが自由におこなえるような意識のあり方でした。それにくわえて、この

「一人称の表現の使い分け」という事実は、主体や視点が移動した際、アイヌの人々が、どの主体がどのような視点から語っているのかをはっきりと意識していたことを示しているものと思われます。すなわち、主体ないしは視点が「カムイ＝深層の意識」に移ったとき、その主体はみずからをアで表現し、同時に、「日常の意識」に属する語り手は、みずからをクをもちいて認識しています。そのときアイヌの人々は、視点を移動しながらも「日常の意識」と「深層の意識」を混同したりすることなく、明確に区別していたのです。

この事の重要性は、いくら強調しても強調しすぎることはありません。たとえば、「夢」は現実ですが、それは「日常の現実」ではなく「深層の現実」です。その区別が明確でないと、「日常の現実」を無視して夢信者になるか、「日常の現実」のみを現実として、夢を幻のごとく扱うことになります。そのどちらにも陥らないためには、「日常の現実」と「深層の現実」を明確に区別しているような意識のあり方が大切となりますが、「一人称の表現の使い分け」という事実は、アイヌの人々の意識が、そのようなものであったことを示しているのです。

3　『アイヌの昔話』において稲田浩二が論じたこと

ところで、昔話の分析をとおして「日本人の心」を解明しようという試みは、河合隼雄の『昔話と日本人の心』を嚆矢《こうし》としてすでに数多く存在しています。しかし、その方法が大きな問題をはらんでいることは、本書の「序章」でもふれました。この問題を最初に指摘したのは、昔話研究者の稲田浩二です。稲田は、日本の昔話の集大成ともいえる『日本昔話通観』（全31巻）を小澤俊夫とともに責任編集した日本を代表する昔話の研究者です。その稲田は、みずから編集した『アイヌの昔話』の解説の中で、

> アイヌ族の昔話は、人類文化の中でどのように位置づけられるのか――この課題は著者の長年の宿題であった。
> それにはまず、歴史的地理的に最も近い日本民族の昔話との関係がただされるべきだろう。私の見解によれば、その関係は、本州、四国、九州のいわゆる日本列島本土と、沖縄と奄美地方（鹿児島県）の南西諸島と、二つに分けてみるべきかと思う。
> （稲田 2005, pp.324-325）

と述べ、アイヌの昔話を日本列島本土の昔話や南西諸島の昔話と比較する試みを行ないました。そこで稲田が比較の対象として取りあげたのは、（1）神の人造り、（2）人の起こり－犬聟入り、（3）姉と妹、（4）魔神の来襲という四つのタイプの昔話です。

（1）「神の人造り」とは、人間の起源を示すアイヌの昔話で、その中核となるモチーフは〝神が土をこねて人間を作った〟というものです。稲田によるとこのモチーフをもった昔話は、日本

列島の本土には全くみられず、日本列島の中でこのタイプの昔話の伝承が確認されるのは、先に掲げたアイヌ族と、その居住地から最も離れた、鹿児島市を北限とし、鹿児島県大島郡喜界島、同大和村（奄美大島）、同和泊町（沖永良部島）にわたる南西諸島であるとのことです。

次に（2）「人の起こり－犬聟入り」とは、これも（1）と同様、人（アイヌ）の起源を示す昔話で、その中核となるモチーフは、〝女が犬と結婚し、できた子どもが人（アイヌ）の祖先になった〟というものです。これとまったく同じモチーフは、北海道と最も隔たった沖縄県宮古地方などに集中的に伝承されています。これに対して、日本列島の本土における「犬聟入り」に関しては、仇討型という話型がいい伝えられています。そのモチーフは、〝親と犬との約束により、娘は難題を解決してくれた犬の嫁になり、山奥で犬と一緒に暮らす。しかし、犬は狩人によって秘かに殺される。そうとは知らずに狩人の嫁になった娘は狩人との間に子をなすが、狩人の夫が犬聟を殺したことを知り、犬聟の仇の夫を殺す〟というものです。

次に（3）「姉と妹」ですが、その核心となるモチーフは、〝姉が妹の結婚を妬んで妹を殺してにせの花嫁になろうとするが、悪事がばれて姉は結局みじめな死をとげ、妹は婚約者の男と結ばれる〟というものです。この伝承に関しては、アイヌ族の例の他には、南西諸島の奄美地方の四話、沖縄の二話に限られ、本土の本州、四国、九州では皆無となっています。しかし、この話とかさなるモチーフをもつ話は日本列島の本土にもあり、それは「瓜姫」として伝えられている昔話です。瓜姫の話では、姉に相当するのがあまんじゃくで、妹にあたるのが瓜姫であり、姉妹の葛藤のかたちをとりません。
　最後に（4）「魔神の来襲」ですが、これは日本列島本土においては猿蟹合戦として知られている昔話です。アイヌ民族に伝えられた魔神の来襲の核心となるモチーフは〝女神に惚れた魔神が女神をさらいに女神の家に侵入してくるが、それを待ちかまえていた栗、蜂、蛇、臼などが迎え撃ち、それぞれの能力を生かして魔神を殺す〟というものです。これに対して、猿蟹合戦とその類話では〝猿や山姥に殺された蟹、馬、雀などの子どもが、親の敵を討つために猿や山姥の家へ行って待ち伏せ、仲間である栗、蜂、牛糞、臼などの力を借りて親の仇を討つ〟という話になっています。猿蟹合戦とその類話は、沖縄ではみられず、ほとんどが日本列島本土に限られた分布を示しますが、アイヌ民族の魔神の来襲との違いは、アイヌ族のタイプでは、援助者達は女神の家に待ちかまえ、来襲した魔神を攻撃して撃退するが、これに対し日本民族のそれは、援助者と子蟹は仇の家にひそんでいて、帰って来た仇を攻め殺しているという点です。
　以上、四つのタイプの昔話に関して、稲田がおこなった比較検討を簡単にあとづけました。稲田はこれにくわえて、列島周囲のモンゴロイド諸族における同様のモチーフの昔話を比較展望したうえで、以下のように結論づけました。すこし長くなりますが、とても重要な内容をふくむため、そのまま引用します。すなわち、
　　アイヌ族の昔話を、日本民族の昔話、また東アジアの諸民族の昔話と対比すると、アイヌ族の昔

話について、次のような歴史的位置づけが出来るように思う。

(1) アイヌ族の特徴的な昔話伝承は、日本列島の南西部、奄美諸島および沖縄の伝承に対応し、本州、四国、九州の昔話タイプとは対応はほとんど認められない。

(2) その理由はさまざまに解釈できるが、これまでの研究をとおして、私は以下のように推論している。すなわち、日本の本州、四国、九州も古い時代はアイヌ族の地および日本列島の南西諸島と同様の昔話を伝承していたが、その後本州、四国、九州の伝承のみが独自な発展を遂げ、結果的に日本列島の両端の地域に古態が残ることになったのではないか。本州、四国、九州に残る伝承は後世の変容が著しく、一方で両端の地域のものはより古風な伝承に属していると考えられる。

(3) それらの伝承の変容の時期と起源を考えると、採集狩猟生活ののち農耕が始まった流れから、本州、四国、九州の伝承は水田稲作の始まった農耕牧畜時代に入ってその構成が変質したのではないか。一方アイヌ族と南西諸島の伝承は、狩猟採集時代 ── 水田稲作の始まらない縄文時代以前 ── の構成を留めていると考えられる。

(4) アイヌ族の伝承を日本列島の周辺の諸族の伝承の中においてみると、東アジア、東南アジア、シベリアなどの、大まかに言って水田稲作地域でないモンゴロイド諸族の伝承と対応している。(3) と考え合わせると、アイヌ族の昔話伝承は、東アジアのより古い伝承を現代に伝えているものと思われる。

（稲田 2005, pp.360-361）

本書のテーマに照らして、この稲田の結論は何を意味しているのでしょうか。ここからいえることは、稲田はその分析をとおして、アイヌ民族および南西諸島の伝承が「縄文的なもの」に属しており、本州、四国、九州の伝承は「弥生的なもの」に属していることを明らかにしたということです。もちろん、アイヌ民族の昔話の歴史的位置づけを明らかにするという稲田の意図からすれば、それで十分です。しかし、この論文で論ずべきテーマは、そこから先にあります。すなわち、「縄文的なもの」と「弥生的なもの」の違いが、日本人の心にとって何を意味しているのかを明らかにすることこそが、つねにたち帰るべき本書のテーマなのです。稲田の仕事は、日本の昔話をすべて同一の平面に置いて見ていくのではなく、その中に「縄文的なもの」と「弥生的なもの」がふくまれていることを指摘し、それが日本人の心を考えるにあたって何を意味するのか考えていく前提をつくったという点で、大きな意義のある仕事なのです。

以上をふまえ、これから、昔話にあらわれた「縄文的なもの」と「弥生的なもの」との関係を見ていきますが、まず最初にとりあげるのは「典型的な」アイヌ民族の異類婚姻譚です。

4　アイヌ民族の異類婚姻譚

ところで、異類との〝婚姻〟をめぐる物語は、多くの芸術家がくりかえしそれをモチーフとした作品を生み出してきたように、高い象徴性に満ちています。しかし、ここでは、アイヌ民族の昔話における異類婚姻譚について考えるにあたって、何はともあれ、アイヌ民族が語り伝えてきた物語を実際に見ていくことから始めたいと思います。まず最初は、中川裕がその著『アイヌの物語世界』において、アイヌ民族の物語における「典型的な」異類婚姻譚としてとりあげた話です。この話は、中川が木村きみフチ（ちなみにフチとは優れた年配女性にたいするアイヌ語の敬称）の口述を直接採録したものです。

母とふたりで暮していた。母は働き者で、私は何不自由なく暮して大きくなり、男同様に魚を捕るようになった。ある日のこと、村の山手の沢で岸に魚を上げていると、何かが沢を下りてくる音がする。こわくなったので倒れた桂の木の根本に隠れていると、光輝くような毛並の大きなクマがゆっくりと下りてきて、黒い小袖を着た立派な男の人に姿を変えた。その男の人は私の前に座って挨拶すると、こう言った。

「私は山のカムイの息子なのですが、カムイの世界には気に入った女性がいない。人間の世界を見るとあなたがいたので、ひとめ会いたくてやってきたのです」

「こんなみすぼらしいなりをした者に会ってもしょうがないでしょう」

と私が言うと、

「なりなんてどうでもいい。あなたの心が気に入ったのです」

と言う。そこでしばらく話をして別れ、私は魚を持って村に戻り、近所の困っている老婆たちに魚を配って歩いた。そのうちまた沢に行きたくなってクマのカムイと会い、臥所を共にした。カムイからのおみやげをもらって帰ると、母親がどこからそれを持ってきたのかと尋ねる。隠し立てもできないのでこれこれだと言うと、母は何も言わなかった。そうこうしているうちに、お腹が大きくなり、カムイのように立派な男の子が生まれた。


会うたびにカムイがおみやげをくれるので、何不自由なく暮していた。そのうちに今度は女の子が生まれた。


そんなある日のこと、クマのカムイがこう言った。

「私のいうことをよく聞いておくれ。私にはカムイモシㇼに妻となるはずの女がいるのだ。けれど、あんまり醜いので一緒になる気がせず、おまえとこうしていたところ、親父に気づかれてしまった。親父は、『醜いのが嫌だろうとなんだろうと、妻となるべき女と一緒になれ。言うことを聞かないと地獄に落とすぞ』と言う。そういうわけで、もうおまえにもめったに会えなくなる。けれども、そのうちどこからか立派な男がやってきて、子供たちの父親代わりになる。そうしたらその男と一緒になって、人間の子孫を作っておくれ。

私はカムイモシㇼではどうやっても子供ができず、妻が子供を欲しがるだろうから、そのうちに私の息子をカムイモシㇼに連れて行く。そうすれば親父も妻も喜んで、その母親であるおまえに敬意を払うだろうから、お前がまだ年取らないうちにカムイモシㇼに連れて行く。そこで、本当の結婚、真の結婚生活をすることにしよう。そして、おまえに先立たれると母親が気の毒だから、母親がおまえより先に亡くなるようにしよう」

私はとても腹がたったが、何も言いようがなかった。そのうちどこからか、立派な若者が矢筒ひとつを背負ってやってきたので、家に招き入れると、子供たちが「おとうさん」と言いながらまとわりつく。男はそのまま一緒に暮らすようになった。男は子供たちを可愛がるし、狩りも上手で、私たちは何不自由なく暮していた。そのうち、息子も大きくなり、夫と一緒に山に行くようになったが、ある時から姿が見えなくなった。クマのカムイのところへ連れて行かれたなと思ったが、母も夫も気づかない風である。

人間の夫との間に大勢の子供をもうけ、カムイとの間にできた娘も嫁に行くまでになった。孫が生まれるといくらもたたないうちに母が姿を消したので、盛大な葬式をした。そのうち子供たちも結婚するようになったところで、まだそれほどの年でもなく、どこも痛くもないのに私はこの世を去る様子である。これはカムイの夫のところに行くことになるのだなと思うので、子供たちにこう言いおいていくことにする。

「先祖のところへ供養をしてくれても、私は受け取ることができないので、『山のカムイ、カムイのおじいさんをお祀りいたします』と言って、お祈りするのだよ。そうすれば、私はおまえたちの作ったものを食べられるのだから」

そう言いおいて、まだ年老いてもいないのだけれどもこの世を去るのだよ、と。

（中川 1997, pp.109-112）

この「熊のカムイに見初められた娘の話」（中川の原文には題名がないため、筆者が仮に名づけた）は、人間が主人公の散文説話で、ここでは若い娘＝人間の視点から熊のカムイとの結婚の経緯が語られています。いわゆる〝異類婚姻譚〟の中でも、〝異類婿〟に属する話です。では、この話のどこが、アイヌ民族の異類婚姻譚において「典型的」なのでしょうか。これに関しては、中川が、上記の話にたいして以下のようにコメントしています。それは、アイヌ民族の異類婚姻譚を日本列島本土および西洋の異類婚姻譚と比較する際に、つねにくりかえしたち返るべき重要な内容をふくむため、そのまま引用します。

何だかここに登場するカムイはあまりに虫が良すぎる気がするが、ともかく、これが典型的なカムイと人間の結婚話である。ここで重要なのは、いったん結婚したとしても、何人かの子供が出来た時点でカムイの側は相手を残して自分の世界へ一度戻ってしまうことである。そして、その後カムイの差し金によって、人間の配偶者が現れて再び結婚をし、その相手ともまた子供をもうけるが、まだそれほどの年でもないのに死ぬことになってしまう。そしてその魂はカムイモシㇼに行って、あの世でもとの相手と再び本当の夫婦になるという、ややこしい手続きを踏むのである。この類の話は大部分がそのように展開する。

（中川 1997, pp.112-113）

この中川のコメントのもつ意味を深く吟味することこそが、本書の後半の核心です。それについては第7章以降で論じますが、この節では、アイヌ民族における典型的な異類婚姻譚がどのようなものかを明らかにしました。では、この素材をどのように分析していったらいいのでしょうか。ここではその検討に入るにあたって、「日本の」異類婚姻譚に関して、昔話研究者の小澤俊夫が明らかにしたことをふりかえっておきたいと思います。

第6章　「日本の」異類婚姻譚がもつ意味

小澤俊夫は、先にふれた稲田浩二とともに『日本昔話通観』（全31巻）を責任編集した、日本を代表する昔話の研究者です。稲田にとって、アイヌ民族の昔話の歴史的な位置づけを明らかにすることがライフワークであったように、異類婚姻譚を通じてさまざまな民族の世界観の違いを明らかにすることが、小澤のライフワークでした。そして、その思索の発展を、『世界の民話――ひとと動物との婚姻譚』と『昔話のコスモロジー――ひとと動物との婚姻譚』によって世に問いました。その思索の到達点は、後者の著作に結実しています。これらの著作は、異類婚姻譚を通じて「日本人」の心のあり方に迫り、また西洋をふくむほかの文化圏における心のあり方との比較を試みようとするものにとって、必読の古典ともいうべきものです。事実、河合隼雄は、その著『昔話と日本人の心』において小澤の仕事をとりあげ、ゆきとどいた紹介を行っています。

ところで、後にくわしく述べるように、異類婚姻譚は、西洋のものと「日本の」ものとでは、その内容が対照的です。このため、西洋人とは違う「日本人」の心のあり方を考えるにあたって、昔話における異類婚姻譚はかっこうの素材を提供しています。これに関して小澤は、『昔話のコスモロジー』の中で次のように述べています。

> なぜ動物との婚姻をとりあげたかというと、わたしの問題意識からすると、そこにそれぞれの民族の昔話観が集約的に現れていると思うからである。
>
> （小澤 1994, p.22）

> 昔話にせよ民話にせよ、それが民衆のあいだで長い年月語り伝えられてきたからには、そこにはその民族が許容した考え方があるはずである。民衆が受け容れられる話だからこそ、根絶やしにならないで伝えられてきたのだろう。そうした昔話や民話のなかには、その民族が気づかずにもっているような基層的な考え方、自然への対し方、動物への対し方がしみこんでいるはずである。異類婚の話の分析を通じて、そうした基層をなす考え方をさぐることができるのではないか。
>
> （小澤 1994, p.23）

小澤による上記の指摘は、本論文における筆者の問題意識とぴったりかさなっています。あえてつけ加えるとすれば、くりかえし述べてきたように、異類婚姻譚の分析を通じて日本人の〝心の〟基層を明らかにしようというのが、本書の問題意識なのです。

以下において、世界の異類婚姻譚について小澤の明らかにしたことをあとづけますが、そこで小澤がもちいた分析の手法は、前章で明らかにしたアイヌ民族の異類婚姻譚の分析に、そのまま役立つものです。しかし、その具体的な検討に入るまえに、次のことを指摘しておかなければなりません。

それは、小澤が「日本の」異類婚姻譚としてとりあげているのは、ここまでの本書の視点からみると、おもに日本列島本土、すなわち本州、四国、九州で語り伝えられてきた異類婚姻譚です。つまり、小澤が分析の対象とした「日本の」異類婚姻譚は、再三指摘してきたとおり「弥生的なもの」に属する話なのです。結果として小澤の研究は、日本人の心における「弥生的なもの」に光をあて、それを西洋をはじめとした他の民族と比較する研究になっています。その意味では、小澤の研究が光をあてたのは、日本人の心の一つの側面であり、別の面もふくめて、日本人の心の全体像に迫っていこうというのが本書の問題意識です。以上をふまえ、小澤が異類婚姻譚の研究をとおして明らかにしたことを、ふりかえってみたいと思います。

1　小澤俊夫による異類婚姻譚の分析

小澤が世界の昔話における異類婚姻譚の分析を通じてまず明らかにしたのは、大きくわけると、以下の三つの文化圏に属する民族において、それぞれの異類婚姻譚にははっきりとした違いが存在しているということです。それらは、エスキモー、パプア・ニューギニアなどの自然民族、ヨーロッパを中心としたキリスト教民族、そして日本であり、小澤は、その関係を一つの図に示しました（図7）。

これは河合隼雄も『昔話と日本人の心』においてとりあげた有名な図です。この図からわかることは、まず一つには、歴史をさかのぼっていくと、三つの文化圏には、動物と人間の関係における古代的な一体観を共通の世界観としてもっていた時代があるということです。そして、この図が示していることの二つめは、古代的な一体観をもった世界から、「日本」的なあり方やヨーロッパ的なあり方が、歴史のどの時点かで分離してきたということです。以上を前提として、異類婚姻譚にあらわれた三つの文化圏における動物と人間の関係の相違とは、いったいどのようなものだったのでしょうか。小澤はその相違に関して、以下の三つの視点から分析をおこなっています。

それは、一　異類婚姻譚における異類と人間のあいだの変身を主人公と語り手はどのように受けとめているのか、つまりそこには神の力なり、魔術的な力なりをはたらかせているかどうか、二　異類婚姻譚において人間である主人公と語り手は、異類である配偶者をどう考えているのだろうか、三　異類婚姻譚にとって本質的に重要な以上のふたつの特質のうえにたって、昔話ないしは民

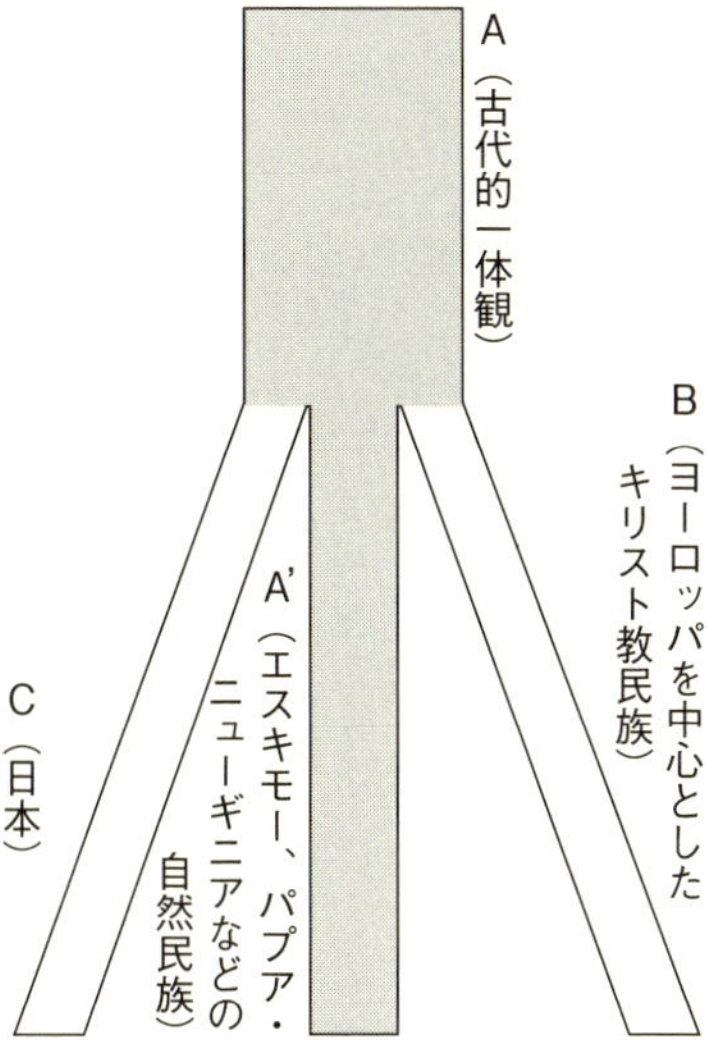

図７　異類婚姻譚における人間と動物の関係（小澤, 1994, p.203）

話としてのドラマをどこにつくっているか、ということであった。

（小澤 1994, p.187）

それぞれの文化圏について、これら三つの視点からみてみると、まず最初に、ヨーロッパの異類婚姻譚の特徴は、小澤によると以下のようになります。

変身が魔法によっておき、動物と思われた配偶者はじつは魔法をかけられた人間であった。そしてアルバニアの「蛇婿」を除けば、話としてもドラマも、愛情による魔法の解除におかれている。ここで扱った例はすくないが、グリム童話集一番「蛙の王子」をはじめ、ヨーロッパの異類婚姻譚には、この変身観・動物観が浸透している。

（小澤 1994, pp.191-192）

ここに例としてあげられた「蛙の王子」は、グリム童話の最初の一編としてあまりにも有名です。よく知られた話ですが、金田鬼一の訳した『完訳　グリム童話集（一）』から、以下に粗筋を示します。

昔、王様は三人のお姫さまをもっていた。ある日、庭の井戸が濁っているのを一番上の姫がみつけると、そこに蛙が飛び出してきて「あなたが私のお嫁になる気なら、きれいな水をあげる」という。一番上の姫も二番目の姫も断るが、三番目の姫は、蛙のお嫁になる気がないのに、口先だけでお嫁さんになる約束をして、蛙の持ってきたきれいな水を飲む。その後、三番目の姫が寝ていると、蛙が婿になるためにやってくる。いやいやながらお姫様が蛙を寝室にいれると、三晩目を一緒に過ごした次の朝、蛙はうつくしく若い王子になっている。そして、魔法をかけられて蛙になっていたけれど、お姫様がお嫁になると約束してくれたため、魔法が解けて救い出されたことをあかす。そして三番目のお姫さまは、魔法が解けた王子様と結婚式を挙げる。

（金田訳 1979, pp.27-31 を筆者が要約）

興味のある方は、ぜひとも原文にあたっていただきたいのですが、この話には、「魔法によって人間は異類になっており、魔法がとけて異類から人間に戻った配偶者との結婚によって物語が完結する」という、ヨーロッパの異類婚姻譚の特徴がはっきりとあらわれています。

つぎに「日本の」異類婚姻譚は、小澤の分析によると、エスキモー、パプア・ニューギニアなどの自然民族と特徴をともにしています。すなわち、

（「日本」と自然民族の異類婚姻譚においては）語り手が動物から人間への、また、人間から動物への変身それ自体について、それがいかなる力によって実現されたか、説明する必要がないと思っていることを示すであろう。これらの話は、自然のなかのものがそれぞれ、動物もふくめて、独自に意味と力をもっているという自然観を基礎にして成りたっていると考えられる。エスキモーの古老がいみじくも、「すべての生き物は人間の姿と形になることができるのだ」と言ったことが思い出される。いわば人間が自然の一部であり、動物の一種であるという人間観を基礎にしている、と考えられる。

（小澤 1994, p.194.（　）内は筆者が補足）

日本の昔話のなかには、魔法という概念を使って変身を説明する話はきわめて少ないと思う。

（小澤 1994, p.194）

同時に、「日本の」異類婚姻譚は、ヨーロッパおよびエスキモー、パプア・ニューギニアなどのものとは以下の点で著しい違いをみせています。

日本の昔話を諸民族の昔話ないしは民話のなかに置いてみて気づくことのひとつに、動物の夫なり女房なりへの強い拒否がある。

(小澤 1994, p.198)

配偶者が異類であることがわかってしまえばその結婚はもはや存続しえない、ということは日本の昔話の鉄則のようである。

(小澤 1994, pp.199-200)

すなわち、「日本の」異類婚姻譚の特徴は、人間と動物の間の変身が魔法によりおこなわれるヨーロッパの昔話とはことなり、魔法を介さず自然に変身するという点では、エスキモー、パプア・ニューギニアなどの自然民族の異類婚姻譚に近いといえます。同時に、素性がわかってしまうと婚姻はもはや存続しえず別れに終わるという点では、素性がわかっても婚姻が継続する自然民族や、魔法が解けて人間同士の結婚で終わるヨーロッパの異類婚姻譚とは決定的にことなっているのです。

さらに、「日本の」異類婚姻譚のドラマがどこにあるかという点に関していうと、素性のばれた異類の配偶者への強い拒否と、結果としておこる美しくも悲しい別れの中に存在しています。すなわち、魔法が解けて人間どうしの結婚により物語が完結するヨーロッパの異類婚姻譚と、「日本の」異類婚姻譚とは、ドラマの存在する場所がまったくことなるのです。

以上のような特徴をもつ「日本の」異類婚姻譚の具体例をみるために、ここでは関敬吾が『日本の昔話（I）』においてとりあげた「鶴女房」と「猿の婿どの」の粗筋を示します。両者とも、「日本の」昔話における異類女房と異類婿の例として、小澤がとりあげた話です。


若い男が、母親と炭焼きをして暮らしていた。蒲団を買いに町にゆく途中で、鶴が罠にかかって難儀しているのに出会った。蒲団を買うためのお金をつかって、若い男は鶴を逃がしてやった。すると、翌晩に立派な女が訪ねてきて、「今夜泊まらせてくれ」といい、泊まらせてあげると今度は「妻にしてほしい」という。男と母は、最初は断ったが、「ぜひに」といわれ、その女を嫁にすることにした。しばらくしてその妻は「わたしを三日ばかり戸棚に入れて、中を見ないでください」といった。そうすると、四日後に妻は、立派な反物を持って出てきた。若い男がそれを殿様のところにもっていくと、殿様は大金をだしてそれを買い、「もう一反できないか」といった。若い男はそれを断れず、家に戻って、もう一反織ってくれるように妻に頼んだ。妻は引き受けて、今度は一週間、戸棚に籠ることになった。一週間目に、心配になった若い男が、妻との約束を破って戸棚のなかをみると、一羽の鶴が裸になって、自分の細い羽根を抜いて、反物を織りあげたところであった。正体が露見した妻は「体をみられたうえは、愛想もつきたでしょうから、私はもうおいとまします。実はわたしは、あんたに助けてもろうた鶴です」と言って、飛び去った。その後若い男は、別れた鶴に会いたくて全国を旅し、とある浜で爺さんに会う。その爺さんの小舟に乗せられ、若い男は鶴の羽衣島につく。そこには立派な池があって、池の真ん中には砂丘があった。そして、砂丘には裸の鶴を真んなかにして多くの鶴がいた。若い男はそこでしばらく歓待をうけたが、また爺さんに連れられて帰ってきた。

（関編 1956.a., pp.36-39 を筆者が要約）

この「鶴女房」は、鶴と別れた後で若い男が鶴を探しにいくという後日談が語られているという点で、最初の別れで終わる典型的な「鶴女房」とはちがいます。しかし、結局結婚では終わらず、素性がわかってしまえば結婚が存続できないという「日本の」異類婚姻譚の「鉄則」にしたがっています。つまり、この話においても、小澤の分析のとおり、鶴から人への変身は魔法を介さず自然におこなわれますが、正体が鶴という異類であるとわかると、結婚はもはや存続しえず、鶴は去ることになってしまいます。すなわち、そのドラマは、結婚というクライマックスでは終わらず、悲しくも美しい別れで終わるのです。

次に、「猿の婿どの」ですが、その粗筋は以下のようなものです。

三人の娘を持った爺さんがいた。牛蒡掘りにいったが一つも掘れずにいると、猿がやってきて、「牛蒡を掘ってやろうか」という。爺さんが「掘ってくれたら、娘を嫁にやろう」というと、猿は喜んで牛蒡を掘る。爺さんは三人の娘に、「約束だから猿の嫁にいってくれないか」と頼む。上の二人は断るが、一番下の娘が「そんなら、親孝行と思って、私が猿の嫁に行きます」といい、「重い臼と重い杵、そして米を一斗用意してください」と爺さんに頼む。むかえにきた猿に、臼と杵と米を背負わせた娘は、山にいく途中、花を咲かせた桜の木のある場所にくると、「桜の花をとって」と猿に頼む。娘の頼みをきき、桜の木の枝が細くなるところまで登らされた猿は、枝が折れて川に落ち、臼の重みで沈みながら川を流されてしまう。娘は、喜んで家にかえる。

（関編 1956.a., pp.40-43 を筆者が要約）

以上、「猿の婿どの」の粗筋を示しましたが、これに関しては二つのことを指摘しておかなければなりません。一つは、小澤も述べているとおり、猿婿における猿は、人間の娘と会うとき、より人に変身すらしていないという点です。これは「日本の」異類婚姻譚の中でも例外であり、より自然民族の異類婚姻譚に近い特徴をもつ話であるといえましょう。もう一つは、これも小澤が指摘していることですが、「猿婿入り」には「里帰り型」と「畑打ち型」という二つの話型が伝えられています。先に示したのは「畑打ち型」ですが、「里帰り型」は、二つの点で「畑打ち型」とはことなります。すなわち、一つには「畑打ち型」では嫁入りする途中で娘が猿婿を殺しますが、「里帰り型」では、いったん嫁に行って山での結婚生活が成立したのち、里帰りするときに娘が猿婿を殺す展開になっています。そして、もう一つの違いは、「里帰り型」では、猿を殺してめでたしめでたしではなくて、そののちに「火焚き娘」のモチーフがついてくることが多いのです。これは、〝猿を殺した娘が、実家に戻らず放浪の旅にでて、大家に雇われて火焚き娘として下働きの苦労をしたのち、幸せな結婚をする〟というモチーフです。すなわち、「猿婿入り－里帰り型」は、「日本の」昔話にはまれな結婚でおわる話として、小澤が「日本の」異類婚姻譚の特徴としてあげた「美しくも悲しい別れで終わる」結末とは一線を画するおわり方をしています。

これに関して小澤は、『昔話のコスモロジー ―― ひとと動物との婚姻譚』において、「この部分の詮索《せんさく》は別の問題になるので、ここでは足を踏み入れないことにする」と述べ、両話型に共通の部分である「娘が猿を殺す」というところまでを「日本の」異類婚姻譚として分析の対象としています。このことは非常に重要で、後にくわしく述べますが、じつは火焚き娘のモチーフのついた「里帰り型」は、『日本昔話事典』における「猿婿入」の項目によると、東北・関東・中部地方に分布するもので、東北型「猿婿入」と称されることもあるということです。結論を先取りしていえば、第2章の地名研究の項で明らかにしたとおり、東北地方は本州の中でもアイヌ文化の影響が色濃く残る地域であり、その意味では、火焚き娘のモチーフこそは「縄文的なもの」の特徴を色濃く残しています。小澤が「日本の」異類婚姻譚として分析の対象とした、〝娘が猿婿を殺す〟というモチーフが「弥生的なもの」に属するとすれば、それと「縄文的なもの」がむすびついた、いわば「弥生的なもの」と「縄文的なもの」とのハイブリッドが、「里帰り型」の「猿婿入り」なのです。これは非常に重要であり、第8章で詳しく論じます。

2 「日本の」異類婚姻譚のモティフェーム分析

ここまでのまとめは、小澤が異類婚姻譚について分析した成果のうち、最初の著作『世界の民話――ひとと動物との婚姻譚』において、既に明らかにしていたことです。その後小澤は、『昔話のコスモロジー――ひとと動物との婚姻譚』において、さらに思索を深め、異類婚姻譚に関し、構造主義的な概念を活用して、問題の所在を明確化しました。以下においては、小澤が構造主義的なモティフェームという概念をもちいておこなった分析のあとをたどり、それがもつ意味を考えてみたいと思います。

小澤によると、構造主義的分析にとって重要な概念であるモティフェームとは、以下のようなものです。

例えば、つるが助けてもらったお礼に、娘の姿をとって男の家を訪ねる、というのは具体的なモティーフである。それを一段抽象化して、助けられたものが助けてくれたものを訪ねる、とする。そして、ここで基幹動詞をなしている「訪ねる」だけを取り出す。これをモティフェームという。

（小澤 1994, p.254）

この概念をもちいて、小澤は、昔話の具体的なモチーフの背後にある共通の構造を浮かび上がらせましたが、分析にあたって小澤がまず最初に注目したのは、「日本の」異類婚姻譚では、すべての話において異類であるパートナーが人間である主人公のもとに来訪していることです。すなわち、その部分のモティフェームは「来訪」となります。次に小澤は、正体が露見して別れでおわる型の「鶴女房」に関して、この分析をおしすすめて、この話のモティフェームとしては、「来訪－結婚－正体露見－退去」という連鎖を設定することができるとしています。また、先にあげたもう一つの例である「猿婿入り－畑打ち型」に関して、そのモティフェームは「来訪－結婚－殺害」であると分析しました。これらの分析をとおして小澤は、「日本の」異類婚姻譚に関して、二つの重要な結論を導きだしています。そして、それらを二つの図に表現しました（図8、図9）。

まず、図8に関していうと、これは「日本の」異類婚姻譚が「回帰構造」をもっていることを示した図です。先のモティフェーム分析を異類の配偶者を追放したり殺害したりする主人公の側

図８　日本の異類婚姻譚における「回帰構造」（小澤, 1994, p.220）

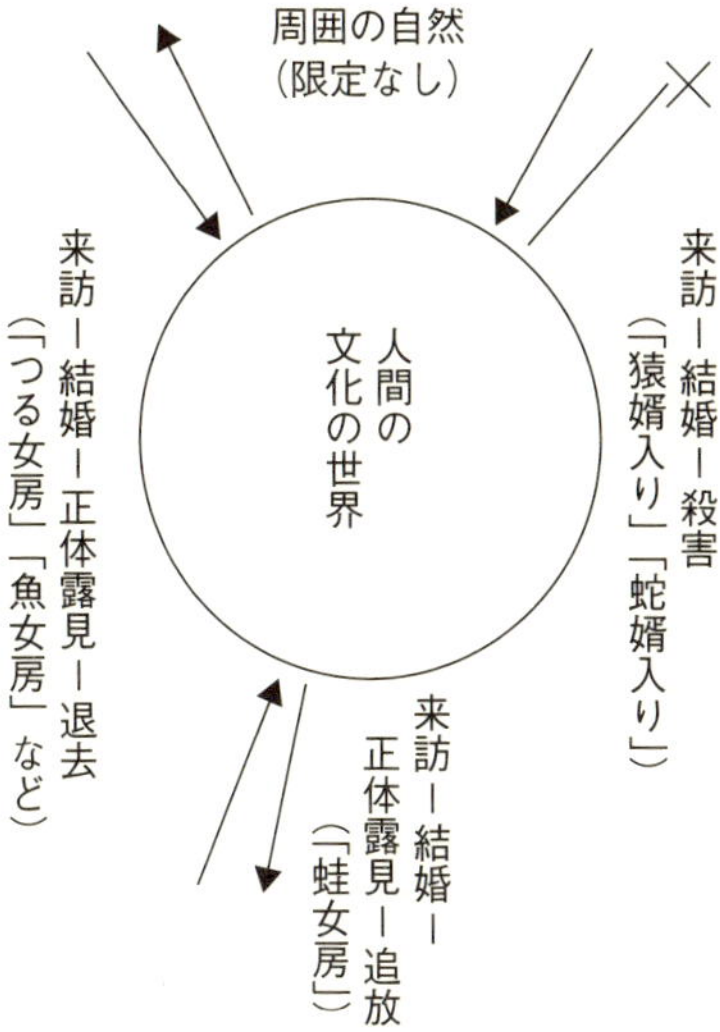

図９　人間の文化の世界と周囲の自然との境界線（小澤, 1994, p.236）

からみると、「鶴女房」では、夫の若い男は鶴が去ったあと再び一人にもどり、「猿婿入り」に関しても、猿を殺したあとで娘は一人になっています。これが「回帰構造」です。これに関して小澤は、以下のように述べて、「回帰構造」が必然的に「エピソードの接続機能」をもたらすことを明らかにしています。すなわち、

> 回帰するということは、人間である主人公が、発端と同じようにひとりになるということであるから、回帰して終わった結末は、次のストーリーの発端となりうるということである。

このことを図示すると上図（図8）

のようになる。

この回帰する円の途中に、前述した来訪－正体露見－退去などの出来事がならんでいるのである。

（小澤 1994, pp.219-220. 文中の「（図８）」は筆者が補足）

ひとりになることが、何故エピソードを接続する機能をもちうるかといえば、基本的には、ひとりになること、つまり孤立することによって何とでも結合しうる自由を獲得するということができよう。

（小澤 1994, p.221）

つまり、回帰型の話の場合には、ストーリーを終結させる終止機能がない。一つの出来事の終わりが昔話の終りとなるにすぎない。

（小澤 1994, p.222）

以上で、「日本の」異類婚姻譚のもつ特徴である回帰構造について、それがいかなるものか明らかになったと思います。これに対して、小澤の説にしたがうと、結婚でおわるヨーロッパの異類婚姻譚には回帰構造はなく、ストーリーを終結させる終止機能があるということになります。

この性質は、河合隼雄が『昔話と日本人の心』の中で以下のように述べたことを、別の角度から表現したものといえます。すなわち、

西洋の物語は、それ自身がひとつの完結された形をもち、その完結性がわれわれの心を打つ。これに対して、わが国の物語は、むしろそれ自身としては完結していないように見えながら、その話によって聞き手が感じる感情を考慮することによってはじめて、ひとつの完成をみるものとなっている。……西洋の物語は、それのみを対象として分析、解釈し得る完結した構造を持っている。これに対して、日本の物語は、物語のみを対象と考えると、それは既に明らかにしたように、分析を拒否する構造をもっているのである。

（河合 1982, p.32）

河合はここで、回帰構造でつながる物語の一つひとつに関して、それ自体として完結している構造をもっていないと評しており、分析を拒否する構造をもっていると言っています。それゆえ、一つの話で分析を完結させるため、昔話の「見るなの座敷」を例にとって「『無』が生じたと言いかえられないだろうか」とさえ述べています。しかし、物語の終止機能をもたず、つぎの物語への接続機能をもつのが回帰構造だとすると、あえて「無が生じた」と言わずとも、「回帰構造」がもつ意味を積極的に評価する立場もあると思われます。しかし、それを可能にするため

には、「日本の」異類婚姻譚の特徴である回帰構造が、深層心理学的にみて何を意味するのかを考えてみなければなりません。

3 「回帰構造」と「個性化のプロセス」

深層心理学は、「心」が「日常の意識」にとどまるものではなく、「深層の意識」をも含んだ全体であることを前提として、「日常の意識」と「深層の意識」との関係を明らかにしようとします。たとえば、夜見る夢は、「深層の意識」から「日常の意識」に侵入してくるリアリティーですが、「日常の意識」は、象徴としての「夢」がもたらす意味のすべてを把握できるわけではありません。そのごく一部のみを、「日常の意識」はくみとることができます。そして、それがもつ意味の大部分は、ふたたび「深層の意識」の側にもどります。また、日常の現実を象徴的に読み解いたり瞑想したりすることを通じて、「日常の意識」の側から「深層の意識」の中に入っていくことも可能です。しかし、「日常の意識」がその中からくみとれる意味は、広大な象徴の海の中の一滴にすぎず、大部分を残して「日常の意識」は「深層の意識」と別れることになります。そこにおける「日常の意識」と「深層の意識」との関係は、一種の円環をなしていますが、ここで重要なことは、このプロセスは一回限りのものではなく、「出会い」と「別離」を繰り返す、いわば終わりのない旅だということです。

ところで、この「出会い」と「別離」を繰り返す円環は、すべての民族において普遍的なものです。そもそも、人類の歴史の中で、「日常の意識」が「深層の意識」の中にたちあらわれて以来、人類はそのほとんどの期間、「日常の意識」と「深層の意識」の「分離」を経験してきませんでした。ここでいう「分離」とは、つねに切れていて、その間に壁があるようなあり方をさします。これは、くりかえし述べてきたように、西洋近代に確立された心のあり方です。しかし、歴史上このようなあり方はむしろ例外で、「日常の意識」はつねに「深層の意識」とのあいだで「出会い」と「別離」をくりかえしてきました。そして「別離」に注意が焦点づけられた瞬間に、「深層の意識」から「日常の意識」が立ちあらわれるというあり方こそが、「日常の意識」にとって普遍的な存在形態であったと思われます。その意味で「日常の意識」とは、確固とした実体ではなく、「深層の意識」の海にあらわれた一時的な「状態」だといえましょう。以上のことからわかるとおり、この「出会い」と「別離」の円環構造のうち、どの部分に注意が焦点づけられやすいか、また「出会い」と「別離」がどのようなものと受けとめられているのかは、それぞれの民族における「心のあり方」によってちがってきます。ここには、いわゆる文化差の問題が存在しています。

では、ヨーロッパと「日本」において、「心のあり方」がどうなっており、どこに注意が焦点づけられやすいのでしょうか。そして、「出会い」と「別離」はどのようなものと受けとめられているのでしょうか。ここで、河合隼雄が『昔話と日本人の心』で述べたことをふり返ってみま

すと、近代ヨーロッパにおける「心」のあり方は、世界史的にみても特殊な達成です。すなわち、

西洋近代に確立された自我というものが、全世界の精神史のなかで極めて特異なものである点に注目したいと思う。近代に確立された西洋人の自我は、その自立性や統合性の高さ、無意識や外界からの影響に対する防御の強さなどにおいて他に比類をみないものである。

（河合 1982, p.19）

このような西洋人の心のあり方の一番の特徴は、「日常の意識」の中心である自我が、「深層の意識」から明確に切れているということです。それゆえ、西洋人の心においては、「深層の意識」は「無意識」とよばれ、「日常の意識」は単に「意識」とよばれることになりました。その「意識」の中心が自我ですが、このように「意識」と「無意識」が完全に分かれた状態は、「分離」と表現されることがぴったりです。そうであるがゆえに、今度は「意識」と「無意識」の「出会い」が、完全に分離したものどうしの「結合」と感じられるようになるのです。「出会い」と「別離」を繰り返す円環が、すべての民族において普遍的なものである一方で、「別離」を「分離」と感じ、「出会い」を「結合」と感じるあり方は、まさしく、西洋人の心に特有のものといえます。先にあげた西洋の異類婚姻譚が、「結合の象徴としての結婚」で終わるとされる理由は

まさにここにあります。そして、「意識」が「無意識」と「分離」しているがゆえに、それをおぎなうものとして、注意は「結合」へと焦点づけられやすいのです。さらにいえば、広大な象徴の海である「無意識」の領域から自我がくみとれた一滴は、「意識」に統合できる性質のものです。それゆえ、その一滴は象徴の海に帰るべき異類ではなく、魔法をかけられて異類とされていた人間ということになります。

これに対して、「日本人」の心のあり方はどうなっているのでしょうか。そこにおいて、「日常の意識」と「深層の意識」はそれ本来のあり方にしたがっており、切れてはいません。それゆえ、そのような心のあり方をおぎなうものとして、先にあげた「出会い」と「別離」の円環のうち、「日常の意識」が「深層の意識」と別れるところに、注意が焦点づけられやすいのではないでしょうか。これが「日本の」異類婚姻譚が別れで終わる理由であり、また回帰構造をもつ理由にもなっているのです。

ところで、ユング心理学にとって中心となる大切な考え方に、「個性化のプロセス」があります。ユング心理学になじみのない読者の方のために簡単に説明いたしますと、「個性化」とは、ユングが自らの経験を通じて練り上げた人格発達理論です。それは、基本的には「意識」と「無意識」の対話による総合を目指すものですが、それ以外にも「自我」と「自己」、「元型」など、ユング心理学の核心といってもいい様々な概念と関係しています。その意味では、「個性化」を深く理解するためには、それこそユング心理学全体を知る必要があるといっても言い過ぎではないほどです。ユング自身も、その膨大な著作のなかで、色々な角度から「個性化」についてくりかえし語っています。それゆえ、これがいかなるものであるかについては、さまざまな説明がありえますが、先にあげた「日常の意識」と「深層の意識」が織りなす「出会いと別離の円環」という観点からすると、「個性化のプロセス」とは、この円環に沿ってらせん状に歩み、出会いと別れを繰り返す中で、一面的になりがちな「日常の意識」の偏りを修正しつづける終わりのない旅路である、ということができます。

「個性化のプロセス」をこのように理解すると、「日本の」異類婚姻譚がもつ回帰構造は、個性化が終わりのないプロセスであることを示すものとして、積極的な意義をもっているように思われます。第8章でくわしく述べるように、日本人の個性化を考えるうえで重要な意味をもつ「猿婿入り－里帰り型」や「姥皮のモチーフのついた蛇婿入り」など、「弥生的なもの」と「縄文的なもの」とのハイブリッドである話型の成立が可能になったのも、「日本の」異類婚姻譚がもつ回帰構造のゆえなのです。また、これまでも再三とりあげてきた『昔話と日本人の心』において、河合隼雄が追求したのは、ある意味、この回帰構造にそって日本人の個性化のプロセスを描き出そうとする試みでした。それは河合自身による、以下のようなことばに表現されています。すなわち、

「うぐいすの里」で男性に不信感をもって、この世を立ち去った女性は、常人との交わりを再び

求め、「飯を食わぬ」条件に耐えてまでそれを果たそうとした。しかし、男性ののぞき見によって怒り、その暗い反面を見せ、彼女は常人の知恵によって追い払われる。男性に対する怒りと怨みは、彼女の分身、かぐや姫によってはらすことができた。そして、またしても、この女性はこの世に進出しようとする。つるに化身した彼女は、珍しくも信頼できる男性を見出した。彼は優しく、しっかりとしている。そこで彼女は文字どおり「献身的」な仕事によって、彼を助けようとしたのだ。

（河合 1982, p.174）

男はまたもや——というのは「うぐいすの里」と踏まえてのことだが——禁止を破った。女はこの度も怒らなかった。「こうして、体を見られたうえは、愛想もつきたでしょうから、わたしはもうおいとまいたします。」と彼女は言って去っていく。

（河合 1982, p.176）

ここからわかることとは、「日本人の」個性化のプロセスは、回帰構造によってつながれた一つひとつの昔話の連なりによって描き出されるのであり、昔話の一つひとつは、そのプロセスのひとこまを表すということです。それゆえ、「日本の」昔話は、河合が言うようにそれのみを対象として分析、解釈し得る完結した構造を持っていないとしても、一つひとつの物語の連なりが、

「日本人」の個性化のプロセスの全体像を描きだしているのです。

4　異類婚姻譚にみる「日本人」と「自然」

ここまで、「日本の」異類婚姻譚にたいするモティフェーム分析から小澤が引きだした結論のうち、図8が示すものについて見てきました。次に、残された図9が示すものについて見ていくことにしましょう。図9によって小澤が表現したのは、以下のようなことです。すなわち、

> 日本の異類婚姻譚では、無限定の自然のなかから、ある力をもったものが人間の文化の世界に来訪する。そして人間と婚姻したのち、①自ら退去し、または②人間に追放されて、無限定の自然に帰る、または③人間に殺される。
>
> （小澤 1994, p.235）

結末部分のモティフェームは、退去、追放、殺害となりますが、ここから見えてくるのは、正体が露見した異類にとって、ここでは円で示された人間の文化の世界とそれをとりまく自然の境界は、たいへん厳しいということです。では、この特徴はどこからくるのでしょうか。これに関しては、小澤の以下のような発言が示唆に富んでいます。

自然は人間の生命を養ってくれるものであるが、反面、そこには人間の生命を脅かすものも住んでいる。それが人間の世界に入ってきたときには、恵みをもたらすものである限り許容できるが、それが自然のなかから来たものであることがわかると排除しなければならない。日常的な農作業のなかでも、猿や猪など、排除しなければならない動物はくり返し出現したことだろう。危険とわかっていれば、これは抹殺しておかなくてはならない。そこには、自然の中に生きる場所を確保し、それを守っていかなければならない農民の、厳しい自然観が反映されている。宇宙観の一端が反映されているといえるだろう。日本の昔話は、自然観・宇宙観の反映であるばかりでなく、自らの存在がどこに位置しているかをよく知った、存在論的認識のつくりなす昔話ということができる。

（小澤 1994, pp.251-252）

すなわち、「日本の」異類婚姻譚とは、稲作農耕民族が周囲の自然といかに向かいあい、その中でいかに自らの生きる場所を確保してきたかを表現した物語であるということです。そしてそこには、自然の中から来たものをいったんは受け入れはするものの、正体がわかれば厳しく排除するという「日本人」の自然に対する態度が表現されています。ここで、河合の弁を借りるまでもなく、「人間が自然と切れる、息子（娘）が母親と切れる、意識が無意識と切れる、これらはすべて象徴的には同一の事象」であるとすれば、「人間の世界」とそれをとりまく「自然」のことを、「日常の意識」「深層の意識」と読みかえることが可能です。そうであれば、図9もまた、「日本人」の心における「日常の意識」と「深層の意識」の関係を表現するものと見ることができます。では、図9から読みとれる「日常の意識」と「深層の意識」の関係とはどのようなものでしょうか。

ここでまず最初に指摘しなければならないのは、「日常の意識」と「深層の意識」のあいだに、西洋の「意識」と「無意識」のあいだにあるような壁がないということです。それは、本来異類であるもの＝「深層の意識」に属するものが、魔法によらず自然に変身して「日常の意識」の中に来訪することにあらわれています。この自然な変身と、とりわけ異類女房において、人間の姿をした異類との結婚がたやすく成立するということは、「深層の意識」と「日常の意識」が、「自然な状態」では切れておらず、高い親和性をもっていることを示しています。

しかし、そこに「見るなの禁止の破棄」で表現される「気づき」という要素が加わると、「深層の意識」と「日常の意識」のあいだには、厳しい別離があらわれます。その別離の厳しさは、正体が露見したあとの退去、追放、殺害というあり方に表現されているのですが、とりわけ異類婿の場合、その別離は、殺害にいたるほど厳しいのです。このような「深層の意識」にたいする「日常の意識」の、一見矛盾するような二つのあり方は、小澤がいうように、自然の中に生きる場所を確保し、それを守っていかなければならないという、稲作農耕民族の自然観と響きあっています。そしてこの「日常の意識」のある場所を確保するために、「日常の意識」がとらえる「現実」へと注意が焦点づけられやすい心のあり方こそが、「弥生的なもの」における「日常の意識」と「深層の意識」の関係の最も大きな特徴なのです。

以上、「日本の」異類婚姻譚に関する小澤俊夫の仕事をあとづけることをとおして、「日本人」の心における「弥生的なもの」についてみてきました。次章では、小澤のモティフェーム分析の手法によって、アイヌ民族の異類婚姻譚の分析をおこないます。そのことをとおして、日本人の心における「縄文的なもの」について明らかにしたいと思います。

第7章　アイヌ民族の異類婚姻譚における「縄文的なもの」

　これまで繰り返し述べて来たとおり、「縄文的なものと弥生的なものが織りなす日本人の心の構造」を明らかにすることが、つねにたち返るべき本書の主題です。それを解明するための最初のステップとして、前章において、昔話研究の第一人者である小澤俊夫の異類婚姻譚に関する研究に依拠しながら、「日本人」の心における「弥生的なもの」について論じました。そこで明らかになったのは、「日常の意識」と「深層の意識」のあいだに壁がないがゆえに、「日常の意識」の領域を守るため、注意が「日常の現実」へと焦点づけられやすい心のあり方でした。この章では、小澤の手法をもちいて、アイヌ民族の異類婚姻譚を分析します。そして、それを西洋および「弥生的なもの」に属する異類婚姻譚と比較することをとおして、日本人の心における「縄文的なもの」がいかなるものか明らかにしてゆきたいと思います。

1　アイヌ民族の異類婚姻譚のモティフェーム分析

ここで分析の対象とするのは、「典型的な」アイヌ民族の異類婚姻譚として先にとりあげた「熊のカムイに見初められた娘の話」です。この話は、人間の娘の一人称の視点から語られた話であり、それにそってモティフェーム分析をおこないます。

物語の発端は、熊のカムイが、カムイモシリ＝自然界から、アイヌモシリ＝人間の世界を訪問するところから始まります。すなわち、発端のモティフェームは「来訪」です。つぎに、熊のカムイが人間の姿に変身して、結婚にいたります。この変身は、「弥生的なもの」に属する異類婚姻譚と同じく、自然におこなわれます。すなわちモティフェームは「来訪－変身－結婚」の連鎖となります。ここで大事なことは、「弥生的なもの」に属する異類婚姻譚とは対照的に、娘にとって相手の正体は最初からはっきりしており、「弥生的なもの」における鉄則である「正体が露見したら結婚は存続できない」には従わないということです。むしろ、娘は相手の正体をはっきりと知ったうえで、変身し人間の姿になった熊のカムイと結婚するのです。

次に、娘と熊のあいだには子ができますが、子ができたあとで、熊のカムイはいったん娘と別れてカムイモシリに帰ります。ここまでのモティフェームは「来訪－変身－結婚－出産－別離」となります。つぎに、熊のカムイの予言どおり、人間の婿があらわれて、娘はアイヌモシリにおいて再婚し、また子供をもうけます。最初の結婚と同様、夫は女房となった娘に大切な食糧をもたらすのみならず、子宝をももたらします。アイヌにとって、将来自分があの世にいったとき、子孫が供物を捧げてお祀《まつ》りしてくれることは、あの世での豊かさを保証してくれるものであり、また狩猟民として日々の猟に恵まれることは、幸せな生活の基本です。それゆえ、娘が経験した二回の結婚は、娘に豊かさと幸せをもたらしたことになります。そしてそれは、婿である相手が、カムイモシㇼに属するものであっても、アイヌモシㇼに属するものであっても、かわらないのです。以上、ここまでのモティフェームは、「来訪－変身－結婚－出産－別離－結婚－出産」となります。このあと、カムイとのあいだにできた子のうち、長男がカムイモシㇼに呼ばれ、長女がアイヌモシㇼで結婚するエピソードが語られることになるのも、興味深いことです。そして、異類との結婚や別離や再婚という運命を受け入れた娘の子孫は、みずからのルーツを知り、それを大切にして感謝する気持ちを忘れなければ、繁栄することになるのです。

その後、娘は予言どおりに若くして死に、カムイモシㇼで熊のカムイと「真の結婚」生活を送ることになります。ここにおいて、若くして死ぬことは、決して不幸せなことではなく、むしろカムイモシㇼでの「真の結婚」へむけた出発として、祝福さるべきこととなっています。しかし、ただひとつ通常とちがうのは、娘がゆくところが、本来人間が死んだときにいくポㇰナモシㇼ＝あの世ではないということです。そこで娘は、残していく子供たちに自分のゆく先を告げ、その子孫が先祖祭祀をして供物をあの世に送り届けるとき、場所を間違えないように言いおいてゆきます。熊のカムイの妻になった娘がこの話を語る目的は、この先祖祭祀が過ちなくおこなわれることによって、自分が死後も豊かであるようにするためなのであり、ここにはアイヌの人達が死後の世界をどう考えていたかがかいま見えて、興味深いのです。そして、この物語のモティフェームを最後までたどると、「来訪－変身－結婚－出産－別離－結婚－出産－子孫繁栄－別離（死）－結婚」となります。このように、この物語のモティフェームの連鎖は、非常に複雑な道筋をたどりますが、以下において、さっそく西洋および「弥生的なもの」に属する異類婚姻譚と、この物語を比較してみましょう。

まず最初にいえることとは、この物語において熊のカムイの変身は自然におこなわれ、魔法を必要としないということです。この特徴は、「弥生的なもの」に属する異類婚姻譚と同様であり、変身に魔法を必要とする西洋の異類婚姻譚とは対照的です。

次にいえるのは、この物語の主人公の娘は、すべての過程をしっかりと自覚しているということです。「弥生的なもの」に属する異類婚姻譚のうち、先にあげた「鶴女房」のパターンに属する話では、当初、相手は人間の姿で訪問し、配偶者となる人間はその正体を知りません。そして、正体が露見して相手が異類であったことが自覚されれば、別離にいたるのが「鉄則」です。「猿婿入り」のパターンに属する話では、当初から相手の正体を自覚していますが、その結果として、「鉄則」にしたがい別離にいたります。西洋の異類婚姻譚においては、当初相手は異類の形で来訪し、結婚相手となる配偶者はその正体を知りませんが、最後には異類の正体が魔法により変身させられていた人間であるとわかり、魔法がとけて結婚にいたるのです。

最後に三つ目の特徴は、この物語の主人公の娘は、場所と相手をことにした三回の結婚を経験することになり、最初の二つの結婚は、子宝や日々の糧をえることを可能にする幸せな結婚であったということです。これに対して「弥生的なもの」に属する異類婚姻譚のうち「鶴女房」のパターンの話では、結婚は人間の世界でおこなわれ、正体が露見しないあいだは何らかの宝をえることができますが、正体が露見すれば別離にいたります。また「猿婿入り」のパターンに属する話では、結婚にいたるまえに、畑を耕してもらったり田に水をひいてもらったりと、多くは農耕に関わる援助をしてもらったにもかかわらず、結局別離にいたります。西洋の異類婚姻譚においては、魔法がとけて人間に戻った相手とのこの世での結婚という結末にいたりますが、それは多くの場合、一回の結婚の成就というかたちで終わるのです。

以上、アイヌ民族の異類婚姻譚におけるモティフェーム分析をおこない、それを西洋および「弥生的なもの」に属する異類婚姻譚と比較しました。では、そこから浮かび上がってくる「縄文的なもの」とは、いったいどのようなものなのでしょうか。

ここであげなければならない「縄文的なもの」の最初の特徴は、西洋の近代的な自我のようなあり方では、「日常の意識」と「深層の意識」が分離していないということです。くりかえし述べてきたように、近代に確立された西洋人の自我は、その自立性や統合性の高さ、無意識や外界からの影響に対する防御の強さなどにおいて他に比類をみないものです。その分離の強さは、西洋の異類婚姻譚において、「深層の意識」に属するものが「日常の意識」にとっては「異類」としてあらわれ、変身が魔法を必要とし、自然には行われないあり方に示されています。しかし「縄文的なもの」においても、「日常の意識」と「深層の意識」が分離しておらず、そのあり方は「縄文的なもの」においては、変身は自然に行われ、魔法を必要としません。一方「弥生的なもの」とまったく同じです。すなわち、変身が自然におこなわれ、魔法を必要としない点で、「弥生的なもの」と「縄文的なもの」はひとしいといえます。変身して人間の姿をした異類が人間の世界を来訪し、そこで結婚が生じる点も共通です。しかし両者が決定的にちがうのは、「日常の意識」と「深層の意識」の違いを自覚したとき、「弥生的なもの」においては厳しい別離があらわれるのとちがって、「縄文的なもの」においてはそれが結婚の妨げにならないことです。これが、「縄文的なもの」の二つ目の特徴です。

ここで、「アイヌ民族の物語世界」の章で明らかにした、「アイヌ民族の心」のあり方について思い出していただきたいと思います。それは一つには、「日常の意識」と「深層の意識」のあいだを、主体あるいは視点が自由に移動できる心のあり方であり、同時にそれは、その主体や視点がどこにおかれているかを明確に自覚しているという特徴をもっていました。この「アイヌ民族の心」のあり方は、ここであげた「縄文的なもの」の特徴とぴったりかさなっています。そして、ここからわかる最も大切なことは、「日常の意識」と「深層の意識」のあいだに壁がなかったとしても、「日常の意識」と「深層の意識」の区別をはっきりと自覚しながら、「出会い」と

「別離」を繰り返す個性化のプロセスをくまなく歩めるような心の状態がありうる、ということです。アイヌ民族の異類婚姻譚の中では、変身が自然に行われ、だれを結婚相手としているのかも知ったうえで結婚し、しかも「カムイはいつまでもアイヌモシㇼにいるものではない」という理由から自然に別れ、最後は死後の世界での結婚の成就にいたります。このすべてのプロセスを、主体であるカムイもアイヌもしっかりと自覚した状態で歩みとおす姿を描いたアイヌ民族の異類婚姻譚の中には、日本人の心における「縄文的なもの」のあり方が、はっきりと表現されているのです。

次に、「縄文的なもの」の三つめの特徴は、その中に、ことなる性質をもった三種類の「結婚」が描かれていることです。この三回の結婚のすべての過程において、結婚する双方の当事者がだれと結婚するのかを知ったうえで結婚しているのが、「縄文的なもの」における最も大切な特徴であることは、先に述べたとおりです。その点のちがいを別とすれば、じつは、アイヌ民族の異類婚姻譚で描かれる三つの結婚のうち、先の二つは、「弥生的なもの」および西洋の異類婚姻譚で描かれた結婚にかさなる性質をもつことを、容易に見てとることができます。すなわち、「弥生的なもの」における結婚は、異類が魔法を必要とすることなく自然に変身して人間の世界にいたり、人間と抵抗なく結婚するのが基本のあり方です。アイヌ民族の異類婚姻譚の最初の結婚においても、まったく同様のあり方で異類と人間は結婚します。くりかえし述べますが、そのちがいは、「別離」の経緯が、「縄文的なもの」においては自然に別れるのにたいして、「弥生的なもの」においては相手が異類であることに気づくということを契機に別れるということです。さらに、アイヌ民族の異類婚姻譚における二度目の結婚において、人と人とがアイヌモシㇼ＝人間の世界で結婚します。これは、西洋の異類婚姻譚において、人と人との結婚が人間の世界においておこなわれるのと同じです。ただちがうのは、西洋の異類婚姻譚においては、最終的に結婚するのが人間どうしだったとしても、結婚にいたる以前に、片方の配偶者が魔法によって異類の姿にされていたということです。そして、アイヌモシㇼ＝人間の世界でおこなわれる二つの結婚の結果、主人公は子宝にめぐまれることになりますが、それは「弥生的なもの」に属する異類婚姻譚でも、別れが生じるまえに反物などの「宝」や田の水などを得ることができること、西洋の異類婚姻譚においても結婚のあと幸せにくらしたことが語られることに対応しています。すなわち、アイヌ民族の異類婚姻譚における最初の結婚は、「弥生的なもの」における異類と人との結婚に、二度目の結婚は、西洋の異類婚姻譚における人と人との結婚にそれぞれ対応しているのです。

2　アイヌ民族の異類婚姻譚における第三の結婚と「死」

ここで、アイヌ民族の異類婚姻譚における三番目の結婚に関連して、『ユング自伝』（以下では『自伝』と略す）において描かれた一つのエピソードをふり返ってみたいと思います。それは、ユングが母親の死に臨んで体験したことです。そこでは、晩年にいたったユングが、みずから到達した「死」に関する考えを率直に語っています。

ユングは『自伝』における「死後の生命」の章において、母の死の通知が旅先に届いたときの経験について記しています。母の死の前日、ユングは夢をみたのですが、それは恐ろしい夢でした。以下にその夢を示します。

私は深いうす暗い森の中にいた。素晴らしく、大きい石が、巨大なジャングルのような木の間に横たわっていた。それは雄大で原初的な風景であった。突然、私は全世界に鳴り響くかとも思われるような鋭い笛の音をきいた。私のひざはふるえ、おののいた。すると、灌木の下がざわめいて、一匹の巨大な猟犬がおそろしい口をあけて進んできた。それを見て、私は血がこごえるのを覚えた。その犬は私とすれちがって、突走っていった。そして、私は急に、あの恐ろしい猟人（ヴォータン）が人間の魂をとってくるように、猟犬に命令を下したのであることが解った。私は恐怖のうちに目覚めた。

（河合他訳 1973, p.156）

ユングは、母の死に臨んでみたこの夢に、心底驚かされます。それは、この夢において、悪魔がユングの母親の魂をさらっていったように感じたからです。次の日、夜行列車で帰宅する途中、ユングは深い悲しみのなかに沈んでいましたが、前日の夢とは対照的に、まるで結婚式でも行われているようなダンス音楽や、笑いや、陽気な話し声を聞き続けるという体験をします。そして、電車の中にいるあいだ中、ユングは一方で暖かさと喜びを感じ、他方では怖れと悲しみを感じていました。そして、この体験について、以下のような考えを述べました。

このパラドックスは、死ということが、ある時は自我の観点から見られ、またあるときは心全体からみられたためだと考えると、説明がつく。自我の観点からすれば、死は破局である。すなわち、死とは邪悪で非常な力が人間の生命を終わらしめるものであるかのように、われわれにはしばしば感じられる。

そして、死とはそういうものなのだ。死とは実際、残忍性のおそろしい魂である。そうでないように見せかけようとしても無意味である。それは身体的に残忍なことであるのみならず、心にとっても、より残忍なできごとである。一人の人間がわれわれから引きさかれてゆき、残されたものは死の冷たい静寂である。そこには、もはや関係への何らの希望も存在しない。すべての橋は一撃のもとに砕かれてしまったのだから。長寿に価する人が壮年期に命を断たれ、穀つぶしがのうのうと長生きをする。これが、われわれの避けることのできない残酷な現実なのである。われわれは、死の残忍性と気まぐれの実際的な経験に余りにも苦しめられるので、慈悲深い神も、正義も親切も、この世にはないと結論する。

しかしながら、他の観点からすれば、死は喜ばしいこととして見なされる。永遠性の光のもとにおいては、死は結婚であり、結合の神秘（mysterium Coniunctionis《〔ママ〕》）である。魂は失われた半分を得、全体性を達成するかのように思われる。

（河合他訳 1973, pp.157-158）

この記述の中には、西洋の近代的な自我意識が到達した死についての最も深淵な思想が語られている、というと、読者のみなさんにはあまりに大げさと思われるでしょうか。ここには、「無意識」から切れた自我意識にとって、死がいかに残忍なものと感じられるかが生々しく描かれています。同時に、ユングはここで、心の全体性についての知恵にひらかれたものにとって、死は結婚であり、魂の全体性の達成でもあると述べています。すなわち、ユングが到達した死についての思想の核心は、自我意識を心全体と同一視してしまいがちな西洋にあって、心はそれにとどまるものではなく、心の中心は別にあり、そちらに視点をうつすと、死は全体性の達成でもあることを指摘したところにあります。そして、ユングにとって全体性を象徴するものは、結婚であり、結合の神秘（mysterium coniunctionis）なのです。

この観点から、アイヌ民族の異類婚姻譚における第三の結婚についてみてみると、そこにおいては、まさに、死後の結婚について語られています。「熊のカムイに見初められた娘の話」では、第三の結婚について熊のカムイが「本当の結婚、真の結婚生活をしよう」と娘に語りかけるところが印象的です。ただちがうのは、アイヌの異類婚姻譚において、あの世は未知なところではなく、はっきりとゆき先をさだめて向かう場所であり、ユングが指摘した死をめぐるパラドックスは存在しないのです。つまり、死がパラドックスと感じられるのは、西洋人の心において「日常の意識」が「深層の意識」と切れているからです。それにたいして、アイヌ民族の異類婚姻譚で語られる第三の結婚は、ゆく先も結婚相手もはっきりと自覚しながらの結婚であり、それが死を介したものであっても、断絶した深い谷を飛び越えるのではなく、地続きの平坦な道をとおっていたることができる場所でおこなわれる「本当の結婚、真の結婚」なのです。

この章では、アイヌ民族の異類婚姻譚にあらわれた「縄文的なもの」のもつ三つの特徴についてみてきました。ここで、私が第6章で試みた「個性化のプロセス」についての説明を思い出していただきたいと思います。そこで私は、「個性化のプロセス」とは、「日常の意識」と「深層の意識」が出会いと別れを繰り返す中で、一面的になりがちな「日常の意識」の偏りを修正し続ける終わりのない旅路である、と述べました。この観点から、西洋と「日本」の異類婚姻譚をふりかえってみますと、西洋の異類婚姻譚は、「意識」と「無意識」の「分離」を前提として、その「結合」を描いた物語であるといえます。その一方で、「弥生的なもの」に属する異類婚姻譚は「日常の意識」と「深層の意識」の「出会い」を前提として、その「別離」を描いた物語です。すなわち、西洋と「弥生的なもの」に属する異類婚姻譚は、おのおの異なる意識のあり方をおぎなうものとして、「個性化のプロセス」の特定の部分に光をあてた物語であったといえましょう。これにたいして、アイヌ民族の異類婚姻譚の中には、主体の明確な一人称の視点から、

「出会い」と「別離」のくりかえしである「個性化のプロセス」がくまなく描かれており、なおかつ、そのプロセスのすべてを自覚した状態で歩んでいることが、その特徴となっています。以上のことからわかるとおり、アイヌ民族の異類婚姻譚にあらわれた「縄文的なもの」について知ることは、日本人の個性化のプロセスの全体を考える上で、われわれに大きな示唆を与えてくれるのです。

次章では、異類婚譚に分類される「猿婿入り」「蛇婿入り」および「熊のカムイに見初められた娘の話」をとりあげて、日本人の心における「弥生的なもの」と「縄文的なもの」がそれらの中にどのようなあり方で存在し、「日本人」の心の骨格をつくっているのか、そしてそれが、「日本人」の個性化にとって何を意味するのかについて考えていきたいと思います。

第8章　「異類婚譚」にみる「弥生的なもの」と「縄文的なもの」

ここまで、「典型的な」アイヌ民族の異類婚姻譚と「典型的な・日本の」異類婚姻譚をみることをとおして、日本人の心における「縄文的なもの」と「弥生的なもの」とはいかなるものかを明らかにしてきました。本章では少し視野を広げて、「典型的ではない」いくつかの異類婚姻譚をみていこうと思います。すると日本の異類婚姻譚のなかには、結論を先どりしていえば、「縄文的なもの」と「弥生的なもの」がハイブリッドを形成した異類婚の話が、純粋に「縄文的なもの」と「弥生的なもの」を両極にして、そのあいだにさまざまなかたちで緊張をはらみながら存在している姿を見てとることができます。以下ではさっそく「日本の」異類婚の話を見ていきますが、ここで最初にとりあげるのは、「猿婿入り－里帰り型」のうち、「火焚き娘」のモチーフがついたものです。

1　異類婿譚のモティフェーム分析

「火焚き娘」の話は、「姥皮」のモチーフをくわえて語られることも多いため、このモチーフのついた「猿婿入り」は、別名「猿婿入り－姥皮型」といわれることもあります。以下に、稲田と小澤が責任編集した『日本昔話通観　第4巻　宮城』から、その粗筋を示します。

おどつぁん（父親）が、沢田にいくら水をかけてもすぐに干てしまう。困っていると猿が来て、「水をかけてやるから、娘を一人くれ」と言い、父が承知すると、翌日には田に水があふれている。心配した父が寝こんでいると長女が食事に誘いにきてわけを聞き、「だあれ、猿のおがた（妻）になるやつがある」と怒り、つぎの娘もことわる。末娘がつらがりながら「約束したのだから行く」と言い、数日後迎えにきた猿について山の中へ行く。一か月ほどたち、二人は初泊まりにみやげの餅を搗いて行く。途中で娘は「父が大好きな花だ」と猿に藤の花を取りに登らせると、木が折れて猿は川へ落ちて消える。娘は出会った女にもらった面をかぶり、教えられた家を訪ねて、釜の火焚きにやとわれて働く。夜になって面をとって化粧をしていると、その家の息子が見てほれ、寝こんでしまう。占いが「好きな人に看護してもらえば治る」と言い、息子が寝言にその娘のことばかり言うので、娘に看護してもらうと、日ましに元気になる。息子は娘と結婚することになり、娘が面を取って美しい顔になるとみな喜ぶ。二人で嫁の実家へ泊りにいくと、二人の姉たちは「こんなよい人なら私が嫁に行くのに」と悔しがり、土の中に隠れてもぐらとなった。両親の言うことはきくものだ。

（稲田・小澤編 1982, pp.56-57 を筆者が要約）

この話の後半のモチーフが「姥皮」といわれるのは、娘がかぶるのが面ではなく、かぶると老婆に変身する「姥皮」であるという語られかたをするためです。いずれにせよ、娘が火焚きの下働きという苦労をへて結婚にいたるため、この話の後半のモチーフは「火焚き娘」といわれています。

次に紹介するのは、「針糸型」「水乞型」という二つの型の「蛇婿入り」ですが、「水乞型」には先に述べた「姥皮」のモチーフのついたものが多くみられます。まずは、関敬吾が『日本の昔話（Ⅱ）』において「かえるの報恩」という題名でとりあげた「姥皮のモチーフのついた蛇婿入り－水乞型」の粗筋を以下に示します。

昔、三人の娘をもつ長者がいた。ある朝、田の水を見に行くと、水が干あがって稲が干し草のようになっていた。長者は困って「この田に水をかけたものに、三人の娘のうち誰かひとり嫁にやるんだが」と独り言をいってもどってきた。つぎの朝また田んぼにいくと、水口から水がどんどん田んぼに流れこんでいた。するとその時、稲を分けて、大きな主《ぬし》（蛇）がのろのろと歩いてくる。長者は「はあ、これだな」と思ってしおれて戻ってきた。

長者が一ばん姉娘に「田んぼに水をかけた主に嫁にいってくれ」とたのむと、姉娘は「主だけはごめん下さい」とことわった。つぎの姉娘もことわると、三ばん娘が「お父さまのいうことなら、何でもききます。私は主のところにお嫁にいきます」といったため、父親は喜んで「欲しいものがあったら、何でも買ってあげる」といった。そこで娘は「針千本と千成《せんなり》ふくべと真綿千枚かってください」と願った。

いよいよ嫁入りの日、三ばん娘は、その品物をもって主のいる沼に行った。そして、千成ふくべの口に真綿をつめ針をさして、一どに沼に投げ入れ、「ふくべをみんな沈めた者の嫁になる」といった。すると、沼の主が出て来て、ふくべを沈めようとして泳ぎまわっているうちに、針にささって死んでしまった。

娘はそこから家にはもどらないで、峠をこえて行った。すると、山の中で年とった婆さまに行きあった。婆さまは「私はこの山のひきがえるです。あの主のために、私の孫子がどれほど食われたか知れません。これからは日にも風にもあたってすごせます。きれいな娘の一人旅はあぶないので、このおんばの皮をかぶってお行きなさい」といって、娘におんばの皮をくれた。

娘はひきがえるの婆さまと別れると、おんばの皮をかぶってある村に来て、そこの長者の家に奉公することにした。朝から晩までよく稼いだが、ある晩娘がおんばの皮をぬいでいると、長者の長男が、おんばの部屋にきれいな娘がいるのを見初めた。そして恋の病にかかった。いくら医者にかけてもよくならなかったが、あるとき医者が「家にいる女に、みんな一人ひとりお膳をもたせてやって、長男が飯をくった者を嫁にすればすぐなおる」といった。召使いの女にみんなお膳をもたせて出したが、長男は誰のものも食べなかった。あとにはもう年よりのおんばが一人だけ残っていた。あまり汚いので湯に入れて、着物を着せかえさせると、きれいな娘さまになったので、みんなもびっくりした。そこでお膳をもたせてやったら、長男はすぐに起きて飯を食べた。そこで、娘は長者のところの嫁こになって、安楽にくらしたということだ。

（関編 1956.b., pp.37-39 を筆者が要約）

さらに続いて、「蛇婿入り－針糸型」を紹介します。これは、もともと苧環《おだまき》型といわれていたものです。苧環《おだまき》とは、麻糸を使って針仕事をするために、麻糸を空洞の玉のようにまいたものですが、現在では一般につかわれず、意味がとおりにくくなったため、「針糸型」と称されるようになりました。関敬吾が『日本の昔話（Ⅲ）』において「蛇の聟《むこ》どの」としてとりあげているものの粗筋を以下に示します。

昔、あるところにだいじな一人娘があった。ところがその娘のところへ、毎晩きれいな若い衆が遊びに来るようになった。娘の母親も若い衆があまりきれいなので、初めのうちは喜んでいたが、はくれなかった。

大雷《おおかみなり》の夜でも怖気《おじけ》づかずにやって来るので、おかしいと思って、所と名前を聞いてみたが、答えてはくれなかった。

それで、娘の母親はあやしいと思うようになった。ある晩、枠の糸に針を通しておいて、若い衆が寝ている枕もとへ行って、針を若い衆の髪に刺したところ、若い衆は「いたい、いたい」と叫びながら、どんどん走って帰って行った。それにつれて枠の糸ががらがらと減って行ったので、あくる朝、枠の糸をたよりにつけていったところ、大きな淵の中までつづいていて、淵のなかから話し声が聞こえてきた。

きき耳をたてて聞いてみると、「お前は黒鉄《くろがね》を頭へ立てられているから、もう生きてはいられない。何か言いのこすことはないか」と蛇の母親が伜《せがれ》の蛇にいいきかせているところだった。すると「わしは死んでも、あの娘に子供をはらませているから、それが仇《かたき》をとってくれるだろう」と蛇の子がいった。「あの娘は三月の節句の桃酒《ももざけ》と、五月の節句の菖蒲酒《しょうぶざけ》、九月の節句の菊酒《きくざけ》を知るまい。これをやられたら腹の子はどうにもならない」と、蛇の母親がいっていた。

娘の母親は、これを聞いて急いでもどって来て、三月の節句の桃酒、五月の節句の菖蒲酒、九月の節句の菊酒をのませて、お腹の蛇の子をとかしたそうだ。それだから、女は三月と五月と九月の節句の酒を飲まなければいけないのである。

（関編 1957, pp.104-105 を筆者が要約）

さて、これら三つの「日本の」異類婚の話に、第6章でとりあげた「猿婿入り－畑打ち型」、そしてアイヌ民族における異類婚譚である「熊のカムイに見初められた娘の話」をくわえた五つによって、分析の素材は整いました。ではさっそく、おのおのの話を見ていくことにしましょう。

まず、「蛇婿入－針糸型」は、典型的な「弥生的なもの」の特徴をもつ話です。モティフェームは「来訪－結婚－正体露見－殺害」となります。変身は魔法を必要とせず自然に行われ、異類が人間の姿をしているときは結婚という出会いが生じるが、正体が異類であるとわかると、殺害というかたちでの別離におわります。「弥生的なもの」においては、異類＝「深層の意識」に属するものが、人間＝「日常の意識」に属するものに変身していれば、人間の世界＝「日常の意識」の領域において、結婚という深い出会いが可能です。しかし、それが「深層の意識」に属するものであるという気づきによって、かならず別離が生じるのが「鉄則」となっています。

この話が一方の極にあるとすると、もう一方の極にあるのは「熊のカムイに見初められた娘の話」です。そのモティフェームは、「来訪－変身－結婚－出産－別離－結婚－出産－子孫繁栄－別離（死）－結婚」でした。くりかえしになりますが、この「縄文的なもの」に属する話の特徴を述べると、異類の変身が自然におこなわれ、人間の姿をした異類とこの世での結婚が成立するという点は、「弥生的なもの」と同じです。結婚という深い出会いが生じるために、異類が人間に変身している必要があるという点でも、「縄文的なもの」と「弥生的なもの」はひとしいといえます。つまり、これらに共通する特徴をひとことでいえば、「縄文的なもの」においても「弥生的なもの」においても、「日常の意識」と「深層の意識」のあいだの移行は自然におこなわれ、両者は「分離」していないということです。

その一方で、「日常の意識」と「深層の意識」の違いをつねに自覚しつつ歩んでいるか否かという点において、両者は決定的にことなります。これが、くりかえし強調してきた「縄文的なもの」と「弥生的なもの」との違いです。すなわち、「縄文的なもの」においては、自らのむかいあう相手が、異類＝「深層の意識」に属するものか人間＝「日常の意識」に属するものかを、つねに自覚しつつ出会いと別離のプロセスを歩んでいる一方で、「弥生的なもの」においては、むかいあう相手が異類＝「深層の意識」に属するものであると気づいてしまえば別離が生じます。すなわち、この二つのあり方の差異が、日本人の心における両極を形成しているのです。では、この両極のあいだに、いったいどのような特徴をもって、ほかの三つの異類婿は存在しているのでしょうか。

その三つのうち、最初にとりあげるのは「猿婿入り－畑打ち型」です。この話については、すでに第6章でとりあげています。そこでは小澤の説にしたがって、この話のモティフェームに関しては「来訪－結婚－殺害」とし、典型的な「日本の」異類婚姻譚の一つとして論じました。しかし、この点に関しては、本章での問題意識に照らして、あらためて考えなおす必要があります。すなわち、この話のモティフェームに関していうと、はたしてここにおける猿と娘との出会いを「結婚」とまとめていいのかという問題です。この話において、猿と娘は出会ったものの、結婚生活を送ることなく、嫁入りの途中で娘は猿を殺しています。その違いは、のちに述べる「猿婿入り－里帰り型」とくらべれば明瞭です。「猿婿入り－里帰り型」では、いったん猿との結婚生活が成立したあと、里帰りの途中で猿を殺すのであり、そちらにおいては「結婚」が成立したことに疑いがありません。そこで、「猿婿入り－畑打ち型」における娘と猿の出会いをなんと表現するかですが、結婚の約束をして出会ったものの、いまだ結婚生活が成立していない状態を示す表現として、ここでは「婚約」という言葉をあてます。そうすると、この話のモティフェームに関しては「来訪－婚約－殺害」となります。

以上をふまえて、この話は、「弥生的なもの」と「縄文的なもの」という両極のあいだのいったいどこに位置づけられるでしょうか。まずいえることは、相手が異類であると気づけば別離が生じるという点において、「弥生的なもの」と特徴を共有しています。そしてこの話では、相手が異類であることが最初から自覚されているため、「結婚」にいたらず「婚約」にとどまるという点でも、「弥生的なもの」の特徴と矛盾しないあり方です。これらの点をふまえると、小澤がこの話を、典型的な「日本の」異類婚姻譚の一つとして論じたことも、あながち的はずれではありません。すなわち、この話は、残りの三つの異類婚の中では、もっとも「弥生的なもの」の極に近い話なのです。ただ一点、娘が最初から最後まで、異類と人間の違いを自覚しつつ行動しているという点において、「縄文的なもの」の極へほんの少しの引きつけられた話であるといえましょう。

次にみるのは「姥皮のモチーフのついた蛇婿入り－水乞型」です。この話の前半のモティフェームは、先に分析した「猿婿入り－畑打ち型」とまったく同じ「来訪－婚約－殺害」となります。そして、この話の前半に関しては、「猿婿入り－畑打ち型」でおこなった考察がそのままあてはまります。その意味では、この話の前半は、娘が最初から最後まで異類と人間の違いを自覚しつつ行動しているという点を除けば、「弥生的なもの」の極に近い話であるといえます。

しかし違うのは、後半の「姥皮」のモチーフの部分です。そもそも「弥生的なもの」に属する異類婚姻譚では、相手が異類であることに気づけば別離にいたるのが「鉄則」であり、話はそこでひと区切りとなります。しかし、「熊のカムイに見初められた娘の話」を思い出していただきますと、そこにおいては、最初の別離のあとに、人間同士のこの世での結婚が語られています。

以上をふまえて、この話の後半である「姥皮」のモティフェームはどうまとめられるでしょうか。蛇を殺したあとで、主人公の娘は、姥皮をかぶって老婆に変身します。ただしこの変身は、魔法によって人間が異類に変身するのでも、異類が自然に人間へと変身して来訪するのでもありません。それは、人間から人間への変身であり、「日常の意識」の中では高く評価されることの多い若く美しい娘から、老いて醜い老婆への変身です。そして、その老婆の姿で、娘は下働きの苦労をすることになります。すなわち、ここまでのモティフェームは、変身－苦役とまとめられ、前半をあわせると、「来訪－婚約－殺害－変身－苦役」となります。その後、長者の長男に見初められた娘は、ふたたび若い娘の姿にもどり、幸せな結婚にいたります。そのモティフェームを最後までたどると、「来訪－婚約－殺害－変身－苦役－変身－結婚」となります。すなわちこの話は、異類との最初の別離の経緯こそ「弥生的なもの」の極に近いのですが、後半の姥皮のモチーフは、人間同士が人間の世界で結婚するという点で「縄文的なもの」における二番目の結婚とかさなる性質をもっています。その意味では、この話は、「縄文的なもの」と「弥生的なもの」がむすびついたハイブリッドな性質をもつともいえるし、「縄文的なもの」と「弥生的なもの」という両極の中間に位置する話であるともいえましょう。

ここで、もちろん、「姥皮」にあらわれた結婚と「縄文的なもの」における二番目の結婚には、見逃せない違いも存在しています。すなわち、「熊のカムイに見初められた娘の話」では、娘がカムイの差し金を受けいれることによって、変身や苦役を経験することなく二番目の結婚は成立します。それに対して、姥皮のモチーフにおいては、「日常の意識」からするとともすればマイナスに受けとめられやすい「苦役」や醜い老婆への「変身」をへて、人間同士の結婚が成立することになります。

では、この違いはどこからくるのでしょうか。くりかえしになりますが、第6章において私は、「個性化のプロセス」について、「日常の意識」と「深層の意識」が出会いと別れを繰り返す中で、一面的になりがちな「日常の意識」の偏りを修正し続ける終わりのない旅路である、と述べました。このことは、「弥生的なもの」と「縄文的なもの」、そのどちらの特徴をもつ心においても等しくあてはまります。しかし、「日常の意識」が「深層の意識」とどのように出会い、どのように別れるかに関しては、くりかえし説明してきたとおり「縄文的なもの」と「弥生的なもの」とのあいだには違いがあります。それは、「縄文的なもの」の特徴をもつ心において、「日常の意識」と「深層の意識」の差異がつねに自覚されており、結果として「日常の意識」の「深層の意識」に対する偏りは小さく、「日常の意識」は一面的になりにくいということです。

これは、近代における西洋人の心において「意識」と「無意識」が「分離」しており、その意味で「意識」がきわめて一面的になりやすく、その偏りを修正するために「超越機能」が必要になるのとは対照的です。また「日常の意識」と「深層の意識」が「分離」していない「弥生的な」心においては、「日常の意識」の「深層の意識」に対する偏りやすさは、「意識」と「無意識」が「分離」している西洋人の心にくらべると小さいことが多いでしょう。一方で「弥生的な」心は、「日常の意識」の占める場所を確保するために、「日常の現実」へと注意が焦点づけられやすいという特徴をもっています。その結果生じるのは、「日常の意識」と「深層の意識」の明確な「別離」です。それゆえ「日常の意識」の偏りを修正するプロセスとして、二度目の出会いである結婚のまえに、「苦役」や醜い老婆への「変身」が必要だったものと思われます。これは、西洋の異類婚姻譚において、魔法が解けて結婚にいたるためには主人公が「試練」をくぐりぬける必要があることと対応しています。これが「姥皮」のモチーフの中に「苦役」や醜いものへの「変身」があらわれる理由なのです。

ここで、最後にのこされた「火焚き娘のモチーフのついた猿婿入り−里帰り型」はどうでしょうか。この話が別名「東北型猿婿入り」と呼ばれていることは先にもふれましたが、この話のモティフェームは、「姥皮のモチーフのついた蛇婿入り−水乞型」と比較すると、違いはただ一点、最初の「婚約」が「結婚」にかわることです。すなわち、モティフェームは「来訪−結婚−殺害−変身−苦役−変身−結婚」となります。この最初の結婚は、人間への変身をへないで結婚が成立していること、結婚生活のおこなわれる場所が異類の世界であるという点で、「弥生的なもの」と「縄文的なもの」に共通した異類と人間の結婚のあり方とはことなります。しかし、相手が異類であることを自覚しながら結婚が成立するという点において、「姥皮のモチーフのついた蛇婿入り−水乞型」と比較すると、より「縄文的なもの」の極に近いといえましょう。つまり、「弥生的なもの」の極に位置する「蛇婿入り−針糸型」と、「縄文的なもの」の極に位置する「熊のカムイに見初められた娘の話」の間にあって、「弥生的なもの」の極から近い順に「猿婿入り−畑打ち型」「姥皮のモチーフのついた蛇婿入り−水乞型」「火焚き娘のモチーフのついた猿婿入り−里帰り型」がならんでいる構図が成立します。すなわち、「日本人」の心には「弥生的なもの」のみならず「縄文的なもの」もたしかに存在しており、この両極をめぐる相同性と差異こそが、「日本人」の心の骨格をかたちづくっているのです。ではこのことは、「日本人」の「個性化」にとって何を意味しているのでしょうか。

2 「日本人」の「個性化」と「縄文的なもの」

まず最初に指摘しなければならないのは、これまで昔話を通じて「日本人」の心を論ずる場合、結婚で終わらず別れで終わるという結末をもつことこそが、「日本の」昔話の特徴であるとされることが多かったということです。昔話の分析を通じて「日本人」の心にせまった仕事のうち、筆者が最も重要な業績だと考える河合隼雄の『昔話と日本人の心』においても、その全体を通じて河合が取り組んだのは、エーリッヒ・ノイマンが明らかにした西洋の自我確立の神話に対置して、「なぜ日本の昔話は結婚でおわらず、別れでおわるのか」という問いでした。河合が、その問いに対する答えを考えぬいた過程を知るためには、『昔話と日本人の心』という著作全体を読んでいただく以外にありません。その中で河合は、別れで終わる昔話である「うぐいすの里」に関連して、以下のように述べています。

「うぐいすの里」においても、禁令を犯した若者は冒険をすることなく、最後は「すべてを失った無の状態に至る」のである。実際ヨーロッパの昔話の分類に慣れて来たものにとって、日本の昔話は極めて扱いにくいものなのである。これをノイマンの説にあてはめて、ノイマンの言う意味での自我確立の相当低いところに止まっているものとか、ウロボロス状態への退行とか決めつけてみてもあまり面白くない。それよりも、これはこれなりに観点を変えて見るときは、それ相応の深い意味をもっているいると言えないであろうか。そのような点を探し出してこそ、日本の昔話を分析し得たことになるのではなかろうか。

（河合 1982, p.29）

私が本書の中で行ってきたことは、まさに河合のこの問題意識を真正面からうけとめて、私なりの答えを見いだそうという試みでした。河合は、先の記述につづけて、日本の昔話が別れで終わる理由に関して、以下のように述べています。

わが国の「見るなの座敷」において、それではいったい何が起こったのであろうか。本当に何も起こらなかったのであろうか。ここでわれわれは、何が起こったのかという考えにとらわれるよりも、一転して、何も起こらなかった、ということを積極的に評価してみてはどうであろうか。何も起こらなかったとは、つまり、英語の表現 Nothing has happened をそのまま借りて、「無」が生じたのだと言いかえられないだろうか。このような観点に立つと、ひとつの昔話が「無」を語るために存在している、というように受けとめられてくるのである。

（河合 1982, pp.29-30）

河合はここで、先の問いに対する一つの答えとして、「『無』が生じたのだ」と述べ、そこに積極的な意義を見いだそうとしています。しかし、問題は、この問い自体が、「日本の」昔話の一つの側面にのみあてはまる問いであるという点にあります。本章での分析をとおして筆者が明らかにしたことは、アイヌ民族の異類婚姻譚において見いだされた「縄文的なもの」が、決して「アイヌ民族の心」においてのみ見いだされるものではないということです。「日本の」昔話をていねいに見ていけば、「縄文的なもの」と「弥生的なもの」がさまざまなハイブリッドを形成しながら、その中に存在していることがわかります。「縄文的なもの」は、アイヌ民族の心と生活、そしてなにより昔話の中で、その純粋な姿を保ってきました。しかし、「縄文的なもの」は、アイヌ民族以外の「日本人」にとっても、「弥生的なもの」とならんで心の両極を形づくっているのです。それゆえ、昔話の分析を通じて「日本人」の心を論じるにあたって、「その結末が結婚で終わらず別れで終わるのはなぜか」という問い自体が、「『弥生的なもの』の特徴をもった『日本の』昔話は、なぜ結婚で終わらず別れでおわるのか」といいかえられなければなりません。つまり、「縄文的なもの」について考えることは、過去の歴史や他民族の問題ではなく、まさに「日本人」としての自分自身の心について考えることなのです。

次に考えてみなければならないのは、第6章において私が指摘した、「『日本人』の個性化のプロセスは、回帰構造によってつながれた一つひとつの昔話の連なりによって描き出されるのであり、昔話の一つひとつは、そのプロセスのひとこまをあらわす」という命題についてです。これまで論じてきたことからも容易にわかるとおり、これは「日本人」の心が「弥生的なもの」の極に近いあり方をしている時にあてはまる特徴です。そして「弥生的なもの」の特徴をもった異類婚姻譚の場合、「来訪－結婚－正体露見－別離」というモティフェームの連なりによってエピソードはひと区切りとなり、つぎのエピソードへと接続していきます。ではどのようなエピソードとの接続が、「日本人」の個性化のプロセスを描き出す昔話の連なりになるのでしょうか。それは、いうまでもなく火焚き娘ないしは姥皮のモチーフとして語られたエピソードであり、本章での分析がすでに明らかにしたように、それは「縄文的なもの」における第二の結婚とかさなる性質をもっているのです。

ところで河合は、『昔話と日本人の心』において、結婚で終わるいくつかの話をとりあげています。それらは「白鳥の姉」「姉と弟」「灰坊」「手なし娘」「炭焼長者」であり、「姉と弟」「炭焼長者」を別にすると、継子譚《ままこたん》に分類される話です。ここで私が指摘したいのは、継子譚には属さない二つの話もふくめて、これらの話はすべて、最後に成就するのが人間どうしの結婚であり、それが成立するためには何らかの試練や忍耐の時を必要としているということです。もちろんその特徴は、姥皮のモチーフと共通しています。さらに興味深いのは、河合によると「白鳥の姉」と「炭焼長者」は鹿児島県大島郡で採録されたものであり、「姉と弟」と「灰坊」は沖永良部島で採録されたということです。すなわち、河合がとりあげた話のうち「手なし娘」をのぞくこれらすべての話は、稲田浩二が『アイヌの昔話』の中で「結果的に日本列島の両端の地域に古態が残ることになったのではないか」と述べたうち、南西諸島における伝承なのです。

これらの事実を勘案すると、「弥生的なもの」の極に近いあり方をしている「日本人」の心にとって、正体に気づいたことで生じた異類との別離のあと、その個性化のプロセスは、試練や忍耐の時をへて人間どうしの結婚にいたる物語へと連なっていきます。その意味では、河合がとりあげた結婚で終わるいくつかの昔話は、「日本人」の個性化のプロセスのひとこまとして、「縄文的なもの」における第二の結婚に対応する位置を占める物語であるといえましょう。そして、これらの話の一つである「炭焼長者」にあらわれた女性像を河合が「意志する女性」と名づけ、

> この女性像は――筆者の臨床経験を基にしての日本人の現状から考えると――未来を先取りするものと考えた方が適切かも知れない、とさえ感じられる。
>
> （河合 1982, p.277）

と述べたことからもわかるように、回帰構造にそってあゆむこのプロセスは、「日本人」の未来にむかっているということができます。そしてまたこのプロセスは、今までの説明からも明らかなように、「弥生的なもの」の極から「縄文的なもの」の極への旅として見ることも可能です。その意味でも「日本人」の「個性化」にとって、「縄文的なもの」を知ることは大切なことなのです。

3 「日本人」にとっての「個人」と「縄文的なもの」

次に「日本人」の心における「縄文的なもの」と「弥生的なもの」に関してとりあげるのは、「日本人」にとって「個人」とは何かという問題です。その問題について考えるにあたって、こここでまず最初に、西洋と「日本」における「個人」についての議論を、ごく簡単にふりかえっておきたいと思います。

いうまでもないことですが、西洋的な個人の成立は、西洋の近代的な自我がうみだされてきた歴史と裏腹の関係にあります。そして、その近代的な自我意識がどのような性質をもち、人類の歴史上いかに特異な達成であるかは、本書の中でもくりかえし強調してきました。そして、そのような自我意識を前提とした西洋の人間関係においては、明確に切れた個人どうしが、あらたに関係をむすびあうことになります。それに対して、「日本」においては、近代にいたるまで西洋的な「個人」は成立しませんでした。この間の事情は、歴史家の阿部謹也が、「世間」論に代表されるその生涯の仕事をとおして明らかにしたことです。その「日本」において、個々の人間は、現在もなお与えられた「場」の人間関係の一部として存在しており、その場の対人関係の平衡を保つことが個々の人間の行動原理となっています。このことは、河合隼雄が『母性社会日本の病理』の中で、日本における「場の倫理」としてあざやかに描き出しています。阿部と河合が展開した議論は、その著作に直接あたっていただくとして、阿部が「日本人」の人間関係の枠として提示した「世間」と、河合が「日本」における対人関係の行動規範としてあげた「場の倫理」は、結論を先どりしていうと、じつは「日本人」の特徴というよりも、「弥生的な」心をもった人間どうしの関係の特徴なのです。

ここで、異類婚姻譚にあらわれた「弥生的なもの」の特徴を思い出していただきたいと思います。そこにおいて、「深層の意識」と「日常の意識」は分離しておらず、相手が異類であることに気づくと別離へといたる心のあり方でした。これは、個々人が場の一体感の中にいるときには人間関係の平衡が保たれていますが、いったんだれかが一体感を破る行動にでれば、和を乱すものとして排除するという、これまで「日本人」の対人関係の特徴といわれてきたこととぴったりかさなっています。では、「日本人」の対人関係の特徴といわれているものが、じつは「弥生的なもの」のそれだったとすると、このことは「日本人」の「個性化」にとって何を意味するのでしょうか。

日本社会が西洋の近代文明との本格的な出会いをはたして以来、「日本的な」人間関係にあきたらず、個性的に生きたいと考えてきた「日本人」は、西洋における近代的な自我をモデルとすることが多かったといえます。そういう人たちにとって、西洋の近代的な自我意識は、より発達した心のあり方であり、「日本的な」対人関係は古い封建制の遺物といったあつかいでした。すなわち、「個性」や「個人」を大切にしたいと思う「日本人」にとって、西洋の近代的な自我意識が、長いあいだ唯一のお手本だったのです。しかし、筆者がここで明らかにしたことは、「日本人」の心には、「弥生的なもの」のみならず「縄文的なもの」も存在しているということです。そして、結論を先どりしていえば、「縄文的なもの」こそは、「個人」として生きようとする「日本人」にとって、西洋における近代的な自我意識とはちがう可能性をさし示しているのです。

ここでふたたび、「縄文的なもの」に関する説明を思い出していただきたいと思います。先にも述べましたが、「縄文的なもの」を現代につたえるアイヌ文化をみてみますと、アイヌ語の大きな特徴は、話者が人称接辞を省略できないというところにありました。これは、話者がその主体をつねに自覚していることを意味しています。その特徴が何に由来するのかは推測の域をでませんが、アイヌ民族や縄文人が狩猟にでて動物＝カムイと出会うときには、自分ひとりの判断がとても重要であったことに関係していると思われます。つまり、生業の中心が狩猟と漁労であったことが、主体を明確に自覚するあり方の背景にあったのです。かれらはその主体を駆使して、「日常の意識」を鋭くはたらかせ、日々狩りをおこなっていました。しかし、そのことは、「深層の意識」において、カムイをアイヌモシㇼに招待する行為であり、かれらに狩られた動物は、衣をぬいでアイヌモシㇼに訪問してくれた大切なお客さんでした。そこにあらわれているのは、「日常の意識」と「深層の意識」のあいだに壁がなく、主体あるいは視点が自由に移動できる心のあり方であり、同時にそれは、その主体や視点がどこにおかれているかを明確に自覚しているという特徴をもっていました。このあり方は、アイヌ民族の物語世界、とりわけ異類婚姻譚の中にはっきりと表現されています。

一方で、「日本語」が必ずしも行為の主体を示す必要がない言葉であることからもわかるとおり、「弥生的なもの」においては、主体どうしをわける境界があいまいです。そこにおける主体どうしの関係は、阿部謹也が「世間」論の中で解明し、河合隼雄が「場の倫理」として描き出したあり方であり、そこにおいて主体は、「場」の人間関係の一部として存在してきました。それは、本書の「序章」でふれたように、まわりの「空気」を読みながら、「世間」から外れないように生きている「日本人」の生き方のなかに、その具体的な姿をみることができます。このあり方は、キリスト教の浸透を背景に、父なる神と対峙することによって近代的な自我意識を確立した西洋の個人とは、著しい対照をなしています。このような「弥生的なもの」の特徴がどこからきているのかも推測の域をでませんが、一神教という要因を欠くという消極的理由とともに、より積極的には、弥生人が稲作農耕の民であったことに関係していると思われます。かれらにとって、共同体の財産である水田を維持することが何よりも大切なことでした。また、水田を維持することは、個人ではできない仕事です。そこにおいては、まわりからの侵入に対して、あぜを維持して境界を守るために、個人の判断よりもむしろ共同体の意志が尊重されていました。そして、その主体が「場」の一部であることをやめ、他者とのちがいを明確にすれば、和を乱す「異類」として排除されます。このような主体のあり方をめぐる特徴は、別れで終わる「日本の」異類婚姻譚の中にも、明瞭にあらわれています。

ところで、阿部謹也は、その生涯の最後にあたって、自らの著作『日本人の歴史意識――「世間」という視角から』において、遺言ともいうべき「日本人」にとっての課題を提示しました。阿部は、そこで以下のようにのべています。

「世間」の中で閉塞させられてきた個人を解き放たなければならない。しかしそれは西欧の個人の歴史をなぞるようなものであってはならない。

（阿部 2004, p.200）

私がここまで行ってきたことは、阿部が残した課題に、私なりの答えを見いだそうという試みにほかなりません。そしてその「答え」とは、ここまでお付き合いくださった読者の方がたには既に明らかなように、個々の主体を明確に区別しつつ、「日常の意識」と「深層の意識」の間で自由に視点を移しながら、「現実」を多面的にとらえて生きているアイヌの人々の意識に学び、自らの心の深みに、その「縄文的なもの」を「再発見」することなのです。

第9章 「縄文的なもの」における「厳しさ」について

この本の最後に、アイヌ民族の異類婚姻譚を一つ紹介します。これは、萱野茂がその著『炎の馬――アイヌ民話集』において、金成まつが筆録した話として紹介した散文説話です。「シカを妻にした男」と題されたこの昔話は、これまで繰り返し述べてきた「典型的なカムイと人間の結婚話」がもつ特徴をもちません。すなわち「シカを妻にした男」は、結論を先どりしていえば、「典型的な」アイヌ民族の異類婚姻譚の〝影〟ともいうべき話なのです。そうであるがゆえに、「典型的な」異類婚姻譚との対比をとおして、「縄文的なもの」の核心が浮かび上がってきます。それは「厳しさ」という言葉でしか表現しようもないものですが、なにはともあれ、「シカを妻にした男」の全文を紹介します。

私は石狩に住んでいる貧乏なアイヌでありました。

たった一人で暮らしているので、どんな仕事でも自分でしなければならず、焚木《たきぎ》をとるのは普通女のする仕事であるけれども、その薪《まき》も一人で集めて焚いていました。水を汲み、炊事をし、その間に山へシカを狩に行くという具合なので、お嫁に来てくれる人もいないし、いい着物を着ることもできずにおりました。

ある日のこと、どこからか一人の女がやって来ました。その人は、今までに見たこともないほど器量のいい娘で、神ではないかと思うぐらいの人です。それから一晩泊り、二晩泊りしながら、その人は私の家の内側や外側をきれいに掃除してくれたり、水を汲んだり、焚木をとったり一生懸命働いてくれました。

家の中の掃除をしてくれるばかりでなく、どこからかシントコやイコロ（宝刀）など家を飾るのに必要な物も持ってきたので、貧乏で空家同然の家に住んでいた私も、すっかり物持ちになって、今では普通のアイヌが持っているより多くのものを持つほどになりました。

そこで二人は相談して結婚することにしました。結婚してからは、山にクマ狩りに行っても今までのように熊を獲らずに帰ることはなく、いつもたくさんのクマやシカを獲ることができるようになりました。妻は毎日毎日刺しゅうをするので、美しい着物がどんどん増えて、その着物を掛けるカケンチャという棒が二列にも三列にもなって、棒が重さでたわむほどたくさんの着物を持つことができるようになりました。一人でいたときには見たこともなかったような上等の着物を妻が作ってくれたので、それを着て山に狩に行きました。

私が物持ちになると、今まで入口ばかりまでも来なかった人たちも、だんだんやって来るようになり、妻はその人々も大事にするので、だんだんと多くの人が家へ出入りするようになりました。

そうしているうちに、やがて一人の男の子が生まれました。私は子供を可愛いがりながら暮らし、狩のために山に行かないときは、家で彫り物をしていることもありました。家で彫り物をしているときは、妻は傍《かたわ》らで刺しゅうをしているのですが、その刺しゅうをしながら、妻は居眠りばかりしているのです。それがたまにというのではなく、毎日毎日居眠りをするので、不思議に思うようになりました。夜は一緒に眠っているのになぜだろう？ と思った私は、ある日のこと、遠くの山に狩にいくふりをして家を出たのです。そして、ずーっと山へ行ったほどの時間を道端で休みながら過ごし、こっそり戻ってきて窓から家の中を覗《のぞ》きました。

家の中は、囲炉裏の火も消されて、妻の姿は見当たりません。着物が掛けてあるカケンチャの後から何かの大いびきが聞こえるので、よく見ると、一頭の雌《めす》鹿が仔鹿を腹のあたりに抱きかかえるようにして眠っているのです。それを見た私は、すっかり驚いて足音をしのばせ、後ずさりするようにして山のほうへ戻り、道端に座り込んで考えました。今まで人間だとばかり思って妻にしていた女がシカであったのです。正体を見てしまった私は、がっかりして狩に行く気にもなれず、ごろんと道端に寝ころがって一日を過ごし、夕方家に帰ってきました。

妻はいつもと変わらぬ様子でにこにこしながら迎えてくれ、子供は私の膝の上に這い上がって来ましたが、私はいつものように抱き上げる気にもならず、いやいやながら「おー、よしよし」とだけ言って、肘《ひじ》で向こうに押しやってしまいました。

やがてあたりが薄暗くなって来たので、私は外に出て、東側にある祭壇と家の間に、こっそりクワリ（仕掛け弓）を数カ所仕掛けました。というのは、妻は、朝早く起きて家の中の掃除、囲炉裏端からはじまって外の祭壇の囲りまで、掃除をして歩く道順が決まっているので、親子とも仕掛け弓で殺してしまおうと思ったからです。

私は何くわぬ顔でその夜は眠り、朝になるのを今や遅しと待ちました。ようやく夜が明けると、妻はいつもと同じように早く起き出して、掃除をはじめました。私は眠ったふりをしながら、何も知らずにいつもの道順で掃除して歩く音をおかしがりながら聞いていましたが、子供を背負った妻が外の祭壇近くまで行ったあたりで、パシッパシッと仕掛け弓がはじける音がしたかと思うと、人間の声ともシカの声ともわからぬ悲鳴が二、三回聞こえました。それっきりであとは静かになりました。そそくさと起きだした私は、外に出てみると、家の東側に丸々と肥えたシカの親子が毒矢に突き刺されて死んでいました。

私は早速皮を剥《は》ぎましたが、見れば肉は少なくて脂身ばかりのような上等の肉で、それを家の中に運び入れ、大きな鍋で煮てから、毎日毎日食べていました。その味のいいこと、今まで食べたことがないほどのおいしさで、口の縁《へり》から脂《あぶら》が流れしたたり落ちるような具合でありました。そうして何日か過ぎたある日のこと、急にユカラを語りたくなったので、外に出て村の上《かみ》や下《しも》に向って大声で、「ユカㇻを聞かすから皆集まるように」と言うと、村人たちが先を争うようにして集まって来ました。

私の妻の肉ともいえるシカ肉を大鍋いっぱい煮て皆に食べさせながら、私はユカラを語りはじめました。人々は手に手にレプニ（ユカラの拍子をとる棒）を持って炉縁《ろぶち》をたたきながらユカラに聞きほれています。ところがそのうち私の語り口調がだんだんあやしくなってきて、妻であったシカを殺したことや、その肉を今まで一人で食べていたが、今村人にも食わせてやったという話を繰り返し繰り返し言いはじめました。（こういうことをアイヌ語でヤイェ　チタクテといい、自分で言おうと思わないのに、自分の行なった悪事を自分の口で暴露することをいいます。）

この話を聞いた村人は、顔を見合わせて口を押さえ鼻を手でおおいました（驚いたときにするアイヌの仕種で、驚きのあまり体から魂が飛び出すのを防ぐためにする）。そして話を聞いた村人の半数は立ち上がって私を蹴とばし撲り倒し、半数は外へ飛び出して自分の口の中に指を突っ込んで今食べたばかりのシカ肉をもどす者はもどし、唾を吐く者、気味悪がって坐り込んでしまう者など様々です。

男も女も口々に悪口を言い、いくら貧乏であった者でもシカの神様が妻になってくれたことを感謝もせずに殺すとはいったい何事だと言いましたが、私はそれを気にするでもなく、ただ同じことを繰り返し繰り返し朝から晩までヤイェ　チタクテしていました。それを聞いた村人たちは、入れ替わり立ち替わり家に入ってくる、そして撲る蹴るという具合の日々でありました。

そうしていたある夜のこと、夢の中に妻が現われて、しばらくの間物も言わず私に背をむけて立っていましたが、やがて静かにこちらに顔を向けました。その顔を見ると、長い間泣いてばかりいたらしく、目の縁が真赤にただれていました。

そして私に二つの痛い言葉、三つの痛い言葉を浴びせながら言うことは、「神の国でシカ神もたくさんいる中で、そのうちでも最も位の高い神が私の父や母であったが、娘を一人アイヌに授けることになった。そのとき父たちが相談してあまり物持ちの家に行かせるよりも、貧乏人でも精神のいい者の所へというわけで、お前の所にお嫁によこされた。私をお嫁によこした理由は、私には大勢兄妹がいるので、一人だけアイヌにくれてやることによって、アイヌがつくった美しいイナウやおいしいお酒を、シカ神である父や兄たちが贈り物として受け取ることができるだろうということであった。

結婚した初めばかりでなくずーっと大切にしてくれたので子供も生まれ、親子揃って幸福に暮らしていた矢先に、昼の間私が居眠りばかりしているのを不審に思ったお前は、私をだまして山に行ったふりをして途中から引き返し、私の正体を見てしまった。

見られた私は本当にヤイニコロシマ（自分の体に襞《ひだ》をつくりその中に入ってしまいたいほど恥ずかしいという意味のアイヌ語）したけれど、それぱかりではない。クワリを仕掛けてあったことを知らずに、その仕掛けに掛かったときは、まったく驚きという言葉では言い表わすことができないほどだった。恥ずかしい、口惜《くや》しい、情けない、どの言葉でも言い足りないほどだ。

妻である者があまり居眠りするなら、なぜなのか聞いてくれてもよかったはずだ。シカばかりでなく、自然の中で暮らしている多くの動物たちは、夜動き回って昼の間眠るのが普通なので、あのように居眠りが出たのです。それを一言もその理由を問いもせず、卑怯《ひきょう》にもこっそり覗いて仕掛け弓などで殺すとは。神と人間の結婚する例は珍しいことではなく、他にもたくさん神とアイヌが結婚して幸せに暮らしているのだ。

一人で暮らしていて、あまりにも惨《みじ》めな貧乏暮らしなので同情して、父神や母神も納得して来た私だったのに今となってはもうどうすることもできなくなってしまった。それにしても、妻である私はシカだから肉を食われてもいいにしても、子供であった子ジカまで食らうとは、自分自身の肉を食らうと同じことだ。人間の心は少しもなく、鬼の心しかないような者だ。

私ども親子は神であったから神の国へ帰るが、これからお前はもとの貧乏、もとの惨めさに戻るがいい」ということでした。それを聞いても、私は、これほどたくさんの宝物もあるし、干肉干魚がぎっしり入っているプ（高床式の貯蔵庫）も数棟あるので、一人で食うなら死ぬまで食う分があるのに、何をいまさらと腹のなかでせせら笑っていました。

翌朝起きた私は、相変わらずヤイェ　チタクテのユカラばかりを大声で喚《わめ》くように語りながら、大きな鍋に肉をいっぱい煮て食べましたが、いくら食べても腹いっぱいになったような気がしないのです。金銀の宝物だと思っていた物もよくみるとぼくぼくになった朽木であったり粘土の固《かた》りのような物ばかりで本物は何ひとつ残っていません。カケンチャに掛けてあった着物も、木の葉か苔《こけ》の腐ったようなものがぶら下がっているばかりで、着られるようなものは一枚もなく、干肉を貯蔵してあったプ（倉）の中の食料もクマの糞《ふん》やキツネの糞に変わっていました。少しだけ残っていた肉や魚には蛆《うじ》が湧き、ひどい悪臭がして近寄ることもできません。

着るものもないので素裸、体は内側に曲がって頭が股の間にくるまで曲がってしまったので、おちんちんが口の所にあるため、自分の小便が口に流れ込み、糞は顔にべっとりとつくような具合、いくら神の復讐といっても、こんなにもできるものかと思うくらいのありさまです。

外に出ようとしても歩くことができないので転がり出る始末。何か少しでも食べたいと思っても食うものもなく、村の中に転がっていくと、「あれを見ろや、罰あたり者が来た、縁起が悪いぞ、物持ちの家は窓を閉め、貧乏人は外に出て下着をばふばふさせて追い払え」と村長《むらおさ》が言えば、村の家々の窓はばたばたと閉じられ、貧乏女たちは外に飛び出して下着をばふばふさせるその悪臭で近寄ることもできません。

昼というのに村人は全部隠れてしまい、まるで寝静まった夜のようで、犬どもだけが私のまわりを吠えまくり、少しでも動くと噛みつき吠えつき、身動きひとつできなくされてしまいます。そうしているうちに犬に噛まれた傷が口を開け、体の肉も解けてあちこち骨が見えてきましたが、それでも死にもせず、あちこち転がっていっては立木《たちき》にぶつかり、また転がるという具合で、本当に惨めな死にざまをすることになりました。

だから今いるアイヌよ、妻にしたものは、それがどんな神であっても、また普通の人間であっても大切にするものだよ——。

と一人のアイヌがいいながら死んでいきました、と。

（萱野 1977, pp.25-33）

いかがだったでしょうか。アイヌ民族の「典型的な」異類婚姻譚である「熊のカムイに見初められた娘の話」との、あまりの違いに驚かれたのではないでしょうか。以下では、これまで私がおこなってきた「弥生的なもの」と「縄文的なもの」についての分析をふまえ、「縄文的なもの」の〝影〟ともいうべきこの物語を見ていきたいと思います。

まず最初に、「縄文的なもの」の特徴をふりかえると、そこにおいて「日常の意識」と「深層の意識」は分離しておらず、主体あるいは視点が、それらの間を自然に移行できる心のあり方でした。そしてその間、主体や視点のおかれているところや、「日常の意識」と「深層の意識」の違いが、つねに自覚されていました。つまり、「出会い」と「別離」をくりかえす「個性化」のプロセスを、主体であるカムイもアイヌもしっかりと自覚した状態で歩みとおす「典型的な」アイヌ民族の異類婚姻譚の中には、以上のような「縄文的なもの」の姿がはっきりとあらわれていたのです。それに対して、「弥生的なもの」においては、「縄文的なもの」と等しく、「日常の意識」と「深層の意識」は分離していません。しかし、いったん両者の違いが自覚されると、そこには別離が生じます。そこが「縄文的なもの」と「弥生的なもの」の違いであることは、これまでくりかえし指摘してきました。

このことを前提として、「シカを妻にした男」をみてみると、非常に興味深いことがわかります。それは、この話の骨格が、「弥生的なもの」のそれと似ているのです。そもそも主人公の男は、シカである娘と出会って結婚したとき、相手の正体を自覚していませんでした。そして、そのあと相手の正体に気づいたとき、相手を殺すというかたちでの別離が生じました。これは「弥生的なもの」に属する話のうち、「異類婿」に分類される話の展開と同じでです。つまり、アイヌ民族の異類婚姻譚でありながら、相手の正体を自覚せず出会い、正体に気づくと別離が生じます。

しかし、「弥生的なもの」とかなりの類似性を示すこの話も、結末の部分にいたると、「縄文的なもの」はもちろん、「弥生的なもの」とも決定的な違いをみせます。それは、男が、シカのカムイであった妻とその妻との間に出来た子供を殺して食ったことにより、この世におけるもっとも悲惨な責め苦をあじわうことになったということです。これでもかこれでもかというその描写こそ、この物語の核心であり、たぶんこのことを語り伝えるために、この物語が存在しているとすら感じられます。アイヌの人々にとって、きちんと死ぬことは、悲しい別れではあっても決して恐ろしいことではありません。それは、先祖たちが住む国であるポㇰナモシㇼへの引っ越しのようなものです。だから、なかなか死ねないことの方が恐ろしいのです。この物語にでてくる男は、「肉が解けて骨が見えても」死ぬこともできず転がりまわらねばならないという、アイヌの人々にとって、最も悲惨なめにあっています。では、この悲惨な結果はなぜ起こったのでしょうか。アイヌ民族の「典型的な」異類婚姻譚との比較によって、その理由がみえてきます。

まず一つは、この男が「縄文的なもの」の特徴である「異類＝カムイ」と「人間＝アイヌ」の違いを自覚する目を持っていなかったということです。その上で、この男には「異類＝カムイ」に対する強い拒否感がありました。しかし、それだけではありません。その拒否感は「弥生的なもの」にもありましたが、この男は「異類＝カムイ」を拒否するだけではなくて、文字どおり「食い物にした」のです。このことは、深層心理学的にはなにを意味するのでしょうか。

もちろん、果てしない広がりをもつ「深層の現実」は、それが象徴によってみずからを表現するがゆえに、いろいろな見方や解釈を許す多様性をそなえています。それゆえ、シカである妻と息子を男が食い物にしたことも、さまざまな解釈が可能です。読者のみなさんにも、みなさんなりの意味を、ぜひこの象徴の海からすくいとっていただきたいと思います。もちろん、どのように解釈したとしても、それは豊かな象徴の海の一滴にすぎず、ひとつの〝正解〟があるわけではありません。それを承知のうえで私の心に浮かんだ解釈を述べますと、男の行為が意味するのは、端的にいって自我の都合や願望で「深層の意識」に属するものを扱うということです。ただでさえ一面的になりやすく偏りがちな自我意識は、「深層の意識」との出会いの中で、自我にとって受け入れがたいものに出会うと、それを自我の願望に合わせて解釈したり、否認したりしがちです。そのとき大切なのは、妻であるシカのカムイがいったように、「問い」「聞く」ことです。それは決して、「深層の意識」にひれ伏すことでも、それを無視することでも、ましてや

「食い物にする」ことでもありません。そこでは、生き物としての「深層の意識」と対話するような姿勢が大切なのです。

ところで、私は前章において、「縄文的なもの」の特徴をもつ心にとって「日常の意識」と「深層の意識」の差異がつねに自覚されており、結果として「日常の意識」は一面的になりにくいと述べました。それにくらべ「弥生的な」心や西洋人の自我意識においては、「日常の意識」の「深層の意識」に対する偏りは大きくなりやすく、それが「苦役」や「試練」を必要としている理由であることを指摘しました。では、「縄文的なもの」において、「苦役」や「試練」にあたるものはあるのでしょうか。私は、この話にあらわれた「縄文的なもの」にとっての「厳しさ」こそが、じつは「弥生的な」心や西洋人の自我意識にとっての「苦役」や「試練」にあたると考えています。つまり、アイヌの人々にとって、一見簡単に維持されているように見える「縄文的なもの」の背後には、「深層の意識＝カムイ」に対して誠実に向きあわず、それを「食い物にする」者は地獄の苦しみを味わうという「厳しさ」があり、それがあってこそ、私が「縄文的なもの」と呼ぶ心のあり方は維持できるのです。

あとがき

ヨーロッパに発し、近代世界を支配している「自我中心の文化」は、自然科学の発展の大きな原動力となり、物質文明の豊かさを生み出した一方で、人類の存続を危うくする核兵器を生み出し、自然環境を破壊するなど、大きな行きづまりのときをむかえています。この行きづまりに対する深い自覚は、さまざまな思潮をうみましたが、ヨーロッパ内部におけるそのあらわれのひとつが、私見によれば、「無意識の発見」にはじまる深層心理学の勃興でした。

ユング心理学はその流れの中心に位置すると、私は考えています。ユングは、この問題に、みずからの属する文化と自分自身の「心」を深く掘るという方法によってこたえようとしました。ユング自身による努力の跡は、錬金術研究や『赤の書』の中に、その精華をみることができます。

では、日本人である私たちは、この問題にどうこたえるべきなのでしょうか。それはもちろん、ユングの姿勢に学び、おのれを深く掘ることによってなされるべきでしょう。私が本書の中で試みたのは、その事にほかなりません。その意味で、この本は、「まわりの人に溶け込んでいたい」という思いを抱えながらも、一方で「自分らしく生きたい」と願う私自身が、その葛藤の根源を探るためにおこなった自己分析の記録でもあります。

また河合隼雄は、その生涯をかけてとりくんだ「日本人の心」を探求する仕事の終りにあたって、今を生きる日本人に一つの宿題を残しました。

現代の日本人の課題は、神話的言語によって表現するならば、遠い過去に棄て去られたヒルコを、日本の神々のなかに再帰させること、と言えるだろう。しかし、それはほとんど不可能に近いことだ。（中略）筆者が、日本神話の研究を通じて、日本のパンテオンにヒルコの再帰を企てるべきだと述べていることも、命がけの仕事であることを、最後に強調しておきたい。

（河合 2003, pp.326-331）

ここでヒルコについて知らない読者のために簡単に説明いたしますと、ヒルコは、「古事記」「日本書紀」という「日本の」神話のはじめに、イザナギとイザナミの聖婚によって生まれた神ですが、生まれてすぐに舟に乗せられ流されてしまいます。河合によれば、ヒルコとは太陽の男性神であり、いったんは追放されはしたものの、「日本人」が西洋の近代的自我とは違う「個の確立」を考えた時、ヒルコの再帰の可能性を考えねばならないというのです。

ここまで述べてくれれば、賢明な読者の皆さんにはすでにおわかりのとおり、私がこの本のなかで取り組んだのは、河合の宿題に真正面から向き合って、私なりの答えを見いだそうとする試みでもありました。

そして、私が本書で行った試みが、結果として、みずからの内なる「弥生的なもの」と出会い、「縄文的なもの」へとむかう旅になったことは、この旅に同行してくださった読者の皆さんが、すでによく御存じのとおりです。

最後に、この旅を終えるにあたって、ここまでお付き合いいただいた読者の皆さんに、この本の成り立ちを説明させていただきたいと思います。

そもそも私がこの本を書く出発点となったのは、アイヌ民族の芸術家、アドイこと豊岡征則師との出会いにあります（アドイとは、アトゥイと発音し、海を意味するアイヌ語の言葉です）。それは、約二〇年前、私が北海道の道東の病院で、かけだしの精神科医として働き始めた頃のことです。初めての道東での暮らしのなか、そこにある広々とした大地を独りドライブすることは、その頃の私にとって何よりの楽しみでした。

そんなある日のこと、道東をドライブしている途中、屈斜路湖畔にある丸木舟という民宿に泊まる機会がありました。実はその民宿を経営していたのが、他ならぬアドイです（本当は師と呼ぶべきですが、ここではいつもどおりアドイと呼ばせていただきます）。そしてそこは、アイヌ民族の伝統的な歌と踊りをベースにして新しい芸術を創造するアイヌ詞曲舞踊団モシリが、活動の拠りどころにしている場所でもありました。

それから今に続くお付き合いの中には、語りつくせぬほどたくさんの想い出があります。そのなかでも、二〇〇〇年に始まり、今年で一七回目を迎える「絶滅種鎮魂祭」に毎年参加することは、私にとって本当に大切な時間となっています。そこで、鎮魂祭に集う仲間たちとともに、人間によって地球上から絶滅させられた生き物たちのために祈る機会をもつことは、アイヌ民族の精神すなわち「縄文のこころ」を学ぶまたとない機会でもありました。

その他にも、アドイから直接教えてもらったことはたくさんあります。一例をあげますと、昔からアイヌ民族には、「違っていることは美しい」という感性があるそうです。私は、このことをアドイから聞いた時、「自分らしく生きたい」と願う「日本人」にとって、これほど勇気を与えてくれる言葉はないと思いました。この言葉こそ、「日本人」がその心の奥深くに再発見すべき「縄文的なもの」の端的な表現であることを、慧眼な読者の方はすでにお気づきのことと思います。

一方で、私がこの本の中に書いたことは、アドイから教わったことそのものではありません。その教えを導きの糸としながらも、私自身が独自に調べ、考えたことからなっています。その意味では、アイヌ民族の精神からみてこの本の内容に不十分なところがあるとしたら、その責任はすべて私にあります。もしこのあとがきを読んでアドイの人となりをもっと知りたいと思った方は、ぜひ北海道新聞社から刊行されている『アドイ —— 俺は魂をデザインする』を読んでいただきたいと思います。そして、屈斜路湖畔にある民宿・丸木舟を訪ねてみてください。運が良ければアドイに会えるかもしれませんし、モシリのパフォーマンスに接する機会を持てるかもしれません。何はともあれこの本は、アドイ、モシリのメンバー、そして鎮魂祭に集う仲間たちとの長い交流をぬきにして、生まれてくることありませんでした。この場をかりて、あらためてお礼を言わせてください。本当にありがとうございました。

またこの本は、私が二〇一四年に日本ユング心理学研究所に提出した分析家資格論文がもとになっています。ユング派分析家の資格を得るためには、その最後の課題として、資格取得申請論文を書き、受理される必要があります。その際、論文作成を指導してくれる分析家を、自ら選ぶことができます。もちろん、ユング派の分析家は個性派ぞろいですので、論文のテーマを「おもしろい」と思ってもらえなければ、論文の指導を引き受けてはくれません。しかし私の場合は、ある偶然の出会いから、武野俊弥先生に引き受けていただくことができました。論文の指導を引き受けていただけると決まった時、私の胸の中には、それこそ小躍りするような気持ちが湧いてきました。それは、大きな岩壁としてそびえたっているように感じられた論文の執筆に、百万の援軍を得たような気がしたからです。

しかし、それが非常に「甘い」思い込みであったことは、指導が始まってすぐに気づかされました。なぜなら、武野先生の指導は、本当に厳しいものだったからです。毎月、論文の原稿を書いては一週間前に先生のもとに送り、論文指導の日をむかえます。そして毎回、たくさんの朱が入った原稿を手にした先生との真剣勝負に臨むのです。その期間はまる二年に及び、論文指導のために先生のオフィスを訪れた回数は、二一回をかぞえました。武野先生のオフィスへとむかう道のかたわらには、落馬地蔵という名を持つ地蔵尊がつつましく祀られているのですが、毎回オフィスに向かう道すがら、地蔵尊に手を合わせ、「落馬はしても致命傷を負わず、無事に再び起き上がることが出来ますように」と念じたことが、昨日のことのように思い出されます。

そして、その過程で私が得たものは、論文の完成にはとどまりませんでした。ここで、そのすべてにふれるわけにはいきませんが、一つだけあげるとすれば、「人の成長を思えばこそ、真剣に向き合う」という姿勢の大切さを、言葉ではなく態度で教えていただいたことです。その姿勢は、「馴れ合い」や「甘さ」とは無縁ですが、武野先生が真剣に向かい合ってくださったことによって、私の中の何かが磨かれたという実感があります。「胸を貸して」くださった武野先生には、この場をかりて、あらためてお礼を申し上げます。

次にふれたいのは、新曜社の塩浦暲さんとの出会いです。もしこの出会いがなければ、この本が日の目を見ることはありませんでした。塩浦さんは、学術書の出版環境が厳しいこの時代にあって、私の希望を真摯に受け止め、出版の可能性を探ってくださいました。また、塩浦さんが投げかけてくれた疑問に答えるプロセスを通して、手前味噌になりますが、この本はずいぶん読みやすいものになったと思っています。この本の直接の産婆役を引き受けてくださった塩浦さんに、この場をかりて、あらためてお礼申し上げます。

ここで、どうしてもふれなければならないのは、私の両親のことです。私の両親は、とりわけ私の幼い頃には、あらゆる外敵をよせつけない揺り籠として、私を守ってくれました。もちろん多くの人が経験するように、私が自らの力で飛ぶための翼を少しずつ育てていくにつれて、私にはその揺り籠が鳥籠のように感じられた時期もありました。しかし、揺り籠から飛び立ち、長い旅をして故郷に戻ってきてみれば、そこにあるのは、幼き日と少しも変わらない両親の姿です。そして気づきました。両親との関係が、ある時は揺り籠のように、またある時には鳥籠のように感じられたのは、その背後に、「弥生的なもの」と「縄文的なもの」が働いていたからだと……。両親が生きている間に、そのような「発見」に出会えたことをうれしく思っています。面と向っていうのはとても照れくさいので、この場をかりて小声で言わせてください。この本があるのも、お父さん、お母さんのおかげです。本当にありがとうございました。

最後に、日本人としての深い自覚に立って個性化の道を歩もうとしている読者の皆さんが、この本から何らかの刺激を受け取ってくださったとしたら、私にとってそれにまさる喜びはありません。「日本人の心の深みをめぐる旅」に最後までお付き合いいただき、ありがとうございました。

二〇一六年八月

今年で十七回目を迎える絶滅種鎮魂祭を間近に控えた夏の日に

松本憲郎

文　献

アイヌ民族博物館監修 (1993)『アイヌ文化の基礎知識』草風館

阿部謹也（2004）『日本人の歴史意識 ―― 「世間」という視角から』岩波新書

Jensen, Ad. E. (1966) *DIE GETÖTETE GOTTHEIT*.［大林太良・牛島巌・樋口大介共訳 (1977)『殺された女神』（人類学ゼミナール2）弘文堂］

石川日出志 (2010)『農耕社会の成立』（シリーズ日本古代史①）岩波新書

稲田浩二・小澤俊夫責任編集 (1982)『日本昔話通観　第4巻　宮城』同朋舎出版

稲田浩二他編 (1994)〔縮刷版〕『日本昔話事典』弘文堂

稲田浩二編 (2005)『アイヌの昔話』ちくま学芸文庫

宇田川洋 (1989)『イオマンテの考古学』東京大学出版会

梅原猛 (2001)『古事記』学研M文庫

老松克博 (1997)『漂泊する自我 ―― 日本的意識のフィールドワーク』新曜社

老松克博 (1999)『スサノオ神話で読む日本人』講談社選書メチエ

岡村道雄 (2008)『日本の歴史01　縄文の生活誌』講談社学術文庫

岡村道雄他監修 (2011)『The じょうもん検定 ―― 公式テキストBOOK』ＮＰＯ法人三内丸山縄文発信の会

小澤俊夫 (1979)『世界の民話 ―― ひとと動物との婚姻譚』中公新書

小澤俊夫 (1994)『昔話のコスモロジー ―― ひとと動物との婚姻譚』講談社学術文庫

織田尚生 (1990)『王権の心理学』第三文明社

金田鬼一訳 (1979)『完訳　グリム童話集（一)』岩波文庫

萱野茂 (1977)『炎の馬 ―― アイヌ民話集』すずさわ書店

萱野茂 (2003)『五つの心臓を持った神 ―― アイヌの神作りと送り』小峰書店

河合隼雄 (1982)『昔話と日本人の心』岩波書店

河合隼雄 (1987)『明恵 ── 夢を生きる』京都松柏社
河合隼雄 (1997)『母性社会日本の病理』講談社＋α文庫
河合隼雄 (2003)『神話と日本人の心』岩波書店
久保寺逸彦 (1977)『アイヌの文学』岩波新書
河野広道 (1971)『北方文化論 ── 河野広道著作集Ⅰ』北海道出版企画センター
後藤明 (2002)『南島の神話』中公文庫
小林公明 (1991)「新石器時代中期の民俗と文化」『富士見町史, 上巻』(pp.215-442), 富士見町教育委員会
小林達雄 (1996)『縄文人の世界』朝日選書
小林達雄 (1999)『縄文人の文化力』新書館
小林達雄 (2012)「縄文人の心 ── 自然の歌を聴きながら」『芸術新潮』2012年11月号, pp.60-66, 新潮社
佐藤信他編 (2008)『詳説日本史研究　改訂版』山川出版社
篠田謙一 (2007)『日本人になった祖先たち ── DNAから解明するその多元的構造』NHK出版
鈴木素行 (2007)「石棒. 心と信仰 ── 宗教的観念と社会秩序」『縄文時代の考古学』11, pp.78-95, 同成社
瀬川拓郎 (2007)『アイヌの歴史 ── 海と宝のノマド』講談社選書メチエ
瀬川拓郎 (2015)『アイヌ学入門』講談社現代新書
関敬吾編 (1956.a)『こぶとり爺さん・かちかち山 ── 日本の昔話（Ⅰ）』岩波文庫
関敬吾編 (1956.b)『桃太郎・舌きり雀・花さか爺 ── 日本の昔話（Ⅱ）』岩波文庫
関敬吾編 (1957)『一寸法師・さるかに合戦・浦島太郎 ── 日本の昔話（Ⅲ）』岩波文庫
高尾浩幸 (2001)『日本的意識の起源 ── ユング心理学で読む古事記』新曜社
知里幸恵編訳 (1978)『アイヌ神謡集』岩波文庫
寺沢薫 (2008)『日本の歴史02　王権誕生』講談社学術文庫
中川裕 (1995)『アイヌ語をフィールドワークする』大修館書店
中川裕 (1997)『アイヌの物語世界』平凡社ライブラリー

中川裕 (2010)『語り合うことばの力 ── カムイたちと生きる世界』岩波書店
埴原和郎 (1996)『日本人の誕生 ── 人類はるかなる旅』吉川弘文館
平山裕人 (2009)『ようこそアイヌ史の世界へ ── アイヌ史の夢を追う』北海道出版企画センター
藤尾慎一郎 (2002)『縄文論争』講談社選書メチエ
藤村久和 (1995)『アイヌ、神々と生きる人々』小学館ライブラリー
松本直子 (2005)『縄文のムラと社会 ── 先史日本を復元する 2』岩波書店
マンロー, ニール・ゴードン (2002)『アイヌの信仰とその儀式』国書刊行会
三上徹也 (2014)『縄文土偶ガイドブック ── 縄文土偶の世界』新泉社
本居宣長 (1968)「古事記伝」大野晋編『本居宣長全集　第九巻』筑摩書房
山田秀三 (1993)『東北・アイヌ語地名の研究』草風館
Jung, C. G. (1961) *Memories Dreams Reflections*.［河合隼雄・藤縄昭・出井淑子共訳 (1973)『ユング自伝 (1·2)』みすず書房］
Jung, C. G. (2009) *THE RED BOOK*. W. W. Norton.［河合俊雄監訳 (2010)『赤の書』創元社］
吉田敦彦 (1992)『昔話の考古学』中公新書

著者略歴

松本憲郎（マツモト　ノリオ）

1961 年　栃木県に生まれる。

1984 年　立命館大学法学部卒業

1997 年　北海道大学医学部卒業

2008 年～ 2010 年　チューリッヒ（スイス）の International School of Analytical Psychology (ISAP) にてユング心理学の研修を受ける。

現在　精神科医、ユング派分析家

新曜社　「日本人」の心の深みへ

「縄文的なもの」と「弥生的なもの」を巡る旅

初版第 1 刷発行　2016年 9 月20日

著　者　松本憲郎

発行者　塩浦　暲

発行所　株式会社　新曜社

101-0051　東京都千代田区神田神保町 3 － 9

電話 (03) 3264-4973 (代)・FAX (03) 3239-2958

e-mail : info@shin-yo-sha.co.jp

URL : http://www.shin-yo-sha.co.jp

組版所　Katzen House

印　刷　新日本印刷

製　本　イマキ製本所

ISBN978-4-7885-1490-4 C1011